DIETER MAIER

das spiel mit dem aufwind

MOTORBUCH VERLAG STUTTGART

R
D-1405

Vorige Doppelseite:
Im Anflug auf die Eisriesen der Bernina. Die drei eisigen Bastionen mit dem Hängegletscher in der Mitte gehören zum Piz Palü.
Folgende Doppelseite:
Die LS 3 ist schon bis auf etwa 3500 m NN in die eisige Welt zwischen Bernina und Bellavista eingedrungen.

ISBN 3-87943-674-6
2. Auflage 1982

Satz: Satz 2000, 8000 München
Lithos: CSW-Repro, 7136 Oetisheim
Druck: Passavia, 8390 Passau
Bindung: Conzella, 8000 München
Produktion: Dieter Maier, 8031 Weßling-Hochstadt
Printed in Germany

Inhalt

Die Bewältigung der Luft

Dem Spätling des Lebens, dem Menschen, ist der Flugtraum tief eingeboren. Er wirkt sich als verzehrende, faustische Unrast aus. Immer wieder legt er den höheren Wesen, in denen er seine Sehnsucht spiegelt, Flügel bei, so den Engeln. Was die Natur unbewußt schuf, das baut er nun mit angestrengtem Bewußtsein für seine eigenen Verhältnisse aus. Die Geschichte des Menschenfluges bildet einen ergreifenden Passionsweg genialer, trotziger, kauziger und tragischer Stationen. Wieder gibt hier der griechische Mythos ein ewig gültiges Bild. Der in Kreta gefangene Erfinder Daidalos schafft für sich und seinen Sohn Ikaros künstliche Flügel, mit denen sie zu entfliehen vermögen. Aber während sich der besonnene Vater nah dem Lande hält, schwingt sich der Sohn sonnenhungrig in solche Höhen, daß ihm das Flügelwachs zerschmilzt und er ins Meer stürzt.

Es ist des Prometheus Geschlecht, des Feuerräubers, des Titanen, der keine Grenzen und Göttergebote anerkennt. Sie fühlen vielmehr des Gottes eigene Kraft in ihrer Brust, das Reich der Möglichkeiten auszuloten, auch mit dem Einsatz ihres Lebens.

Bastler, Künstler, Forscher, sie alle versuchten es mit künstlichen Flügeln, Vogelmodellen, Flugdrachen und Ballonen, der Natur die Antworten auf ihre Fragen abzuringen und leiten eine explosive Entwicklung ein . . .

Mehr als ihm die Feen aller Märchen versprachen, schuf sich der Mensch selbst.

WALTER ROBERT CORTI

Der gleitende Kranich, Vorbild ganzer Fliegergenerationen, zeigt motorlosen Flug in Perfektion. Seinem Beispiel folgen die Segelflieger in aller Welt.

Vom Traum zur Wirklichkeit

Fliegen – einer der ältesten Träume des Menschen ist zugleich auch eine seiner jüngsten Erfindungen. Ganze 90 Jahre sind es, seit Otto Lilienthal mit seinem Buch »Der Vogelflug als Grundlage der Fliegekunst« die theoretische Grundlage dafür lieferte, daß aus tausendjährigen Träumen Realität werden konnte. Mit einem äußerst einfachen Hängegleiter, den schon die alten Griechen hätten bauen können, bewies er die Richtigkeit seiner Theorie und schuf so auch die praktische Grundlage für all das, was heute mit Flächen fliegt – sei es Hängegleiter, Segel- oder Motorflugzeug, Düsenjäger oder Jumbojet.

Lilienthal gelang die »Erfindung« des Fliegens, weil er eben nicht wie alle seine Vorgänger das Flattern der Vögel nachzuahmen versuchte. Er hatte erkannt, daß die Vögel nicht durch das Flügelschlagen, sondern durch das Gleiten ihrer Flügel durch die Luft ihren Auftrieb erhalten. Das Flügelschlagen erkannte er als erster als die Umsetzung der Kraft in den Antrieb, der das Vorwärtsgleiten verursacht. Aus dem einen Problem »Fliegen« wurden so zwar zwei, nämlich das der tragenden Fläche (die »Flügel«) und das des Antriebes (das »Flattern«). Weil er aber nicht mehr versuchte, beide gleichzeitig in den Griff zu bekommen, wurden sie überhaupt erst lösbar.

Wie man eine Fläche so konstruiert, daß sie entsprechend umströmt einen Menschen tragen kann, beschäf-

Otto Lilienthal »erfand« das Fliegen, weil er segelnden Vögeln (hier sind es Kraniche) das Gleiten abschaute.

tigte Lilienthal bis zu seinem Absturz am 9. August 1896. Dabei löste sich die Frage des Auftriebes fast von selbst. Das Geheimnis liegt nämlich einfach in der Form des Querschnitts der Fläche, in ihrem Profil also. Zwingt ein Profil die umströmende Luft zu ungleich langen Wegen auf Ober- und Unterseite, so entsteht auf dem verkürzten Weg (Profilunterseite) Überdruck und auf dem verlängerten Weg (Profiloberseite) ein Unterdruck. Druck und Sog addieren sich etwa im Verhältnis 1 : 2 zum Auftrieb – physikalische Zusammenhänge, deren Gesetzmäßigkeiten schon gut 100 Jahre vor Lilienthal von David Bernoulli beschrieben worden waren.

Anfangs wurden im Segelflugzeugbau Vögel noch möglichst genau »nachgebaut«. Mit ihrem Flügelknick erinnert die Minimoa deshalb auch an einen Raubvogel.

Ungleich schwieriger war es, die tragende Fläche zu stabilisieren oder sie gar zu steuern. Lilienthal erkannte bei seinen praktischen Versuchen schnell, daß eine Fläche dann in einem gleichmäßigen Gleitflug geflogen werden kann, wenn man sie in den richtigen Winkel zur Anströmung zu steuern vermag. Das hört sich einfach an, war aber für Lilienthal das Problem überhaupt.

Zum einen darf der Anstellwinkel weder zu groß noch zu klein werden. Wird er zu klein, sinkt der Auftrieb, weil die Differenz der Wege von den Luftteilchen der Flächenober- und denen der Unterseite kleiner wird. Entsprechend schneller sinkt und gleitet die Fläche. Wird umgekehrt der Anstellwinkel zu groß, steigt zwar der Auftrieb, weil die Wege der Luftteilchen ungleich länger werden. Entsprechend langsamer sinkt und glei-

tet die Fläche – bis die Strömung dem erzwungenen Umweg nicht mehr folgt, abreißt und die Fläche abstürzen läßt.

Zum anderen dürfen Schwerpunkt und Druckpunkt der Fläche nicht auseinanderwandern. Das ist zwar logisch, wenn man sich vorstellt, daß im Schwerpunkt die Schwerkraft und im Druckpunkt der Auftrieb ihre Angriffspunkte haben. Fallen beide Punkte zusammen, wirken die Kräfte aufeinander, ohne daß eine Lageveränderung der Fläche entsteht. Wandern sie dagegen auseinander, entsteht ein Hebelarm und entsprechend seiner Länge ein mehr oder weniger starkes Drehmoment. Verstärkt wird das Ganze dadurch, daß das Drehmoment in der Richtung der Strömung wirkt. Wird z.B. der Anstellwinkel zu groß, wandert der Druckpunkt nach vorne, zieht die Nase der Fläche nach oben und vergrößert den Anstellwinkel solange, bis die Strömung abreißt.

Um Schwer- und Druckpunkt beieinander zu behalten, gibt es nur zwei Möglichkeiten: Man muß entweder den Druck- oder den Schwerpunkt steuerbar machen. Lilienthal entschied sich für das für ihn Einfachere und versuchte die Stabilisierung über die Steuerung des Schwerpunktes. Sein Gleiter hatte den Schwerpunkt im vorderen Drittel, wo sich der Pilot mit den Armen abstützte und mit den Füßen steuerte: Wurde der Gleiter zu langsam (Anstellwinkel zu groß, Druckpunkt nach vorne ausgewandert), streckte er die Füße vor (= Verschiebung des Schwerpunktes zum Druckpunkt). Wurde der Apparat zu schnell, funktionierte das Ganze umgekehrt. Auch die Steuerung der Richtung funktionierte auf diese Weise.

Wie unzulänglich diese Form der Stabilisierung und Steuerung der Fläche war, mußte Lilienthal bei vielen Stürzen hautnah erfahren. War eine kleine Böe so stark, daß die Verlagerung der Beine zur genügenden Verlagerung des Schwerpunktes nicht ausreichte, kippte der Gleiter ab. Aus vielen Fehlschlägen erkannte Lilienthal: Zur Stabilisierung und Steuerung der tragenden Fläche reicht die Verlagerung des Schwerpunktes nicht aus. Aber: Wer die tragende Fläche richtig zu stabilisieren vermag, der kann fliegen! Und er hätte sie richtig, d.h. über die Steuerung des Druckpunktes, stabilisieren können! Einen Tag vor seinem Absturz plante er den Einbau einer Höhensteuerung mit einer über einen Handhebel steuerbaren hinteren Steuerfläche. Sie noch selbst auszuprobieren, war ihm nicht mehr vergönnt.

Die Weihe, für Jahrzehnte das beste Segelflugzeug der Welt, im Hangflug.

Aber sein Anstoß hatte gewirkt! In knapp 6 Jahren schufen die Brüder Wright auf den Erfahrungen Lilienthals aufbauend einen Doppeldecker, der bereits 180 m weit gleiten, eine Minute in der Luft bleiben und gesteuert werden konnte. Aus dem Hängegleiter war ein steuerbares Flugzeug geworden, das Fliegen war »erfunden«. Daß die Wrights dann in ihr Flugzeug einen Motor einbauten und der staunenden Welt die Fliegekunst vorführten, war dann »nur noch« die konsequente Fortsetzung des einmal als richtig erkannten Weges, die rasante Entwicklung der Motorflugzeuge als Kampfmaschinen für den Krieg die natürliche Folge.

Die stolze Entwicklung endete für deutsche Piloten jäh mit dem Friedensvertrag von Versailles, der ihnen jeglichen Motorflug verbot. Allerdings hatten die Generäle nicht daran gedacht, daß man auch ohne Motor fliegen könnte – wohl aber die Flieger. Sie erinnerten sich an all die Gleitversuche, die den Motorflug erst ermöglicht hatten, schrieben den ersten Gleitflugwettbewerb auf der Wasserkuppe in der Rhön aus und erfanden 25 Jahre nach Otto Lilienthal das Fliegen noch einmal.
Im August 1920 versammelte sich auf der Wasserkuppe alles was Tragflächen hatte. Ein-, zwei- und dreideckige Kreuzungen aus Flugzeugen und Hängegleitern rutschten, hopsten und zerbrachen. Fast hatte es den Anschein, als wäre 25-jährige Entwicklungsarbeit vergebens gewesen. Aber eben nur fast. Denn es gab einen Wolfgang Klemperer! Er und sein Schwarzer Teufel schafften am 7.9.1920 was bisher ohne Motor niemandem gelungen war: 10 m Startüberhöhung. Damit war bewiesen, wovon schon Otto Lilienthal geträumt hatte: Der Segelflug (schon Lilienthal hatte den Flug ohne Motor so genannt) hat eine Zukunft! Und: Der Segelflug im Hangaufwind war entdeckt!
Die faszinierende Erkenntnis rief natürlich die Konstrukteure auf den Plan, allen voran Georg Madelung und eine Gruppe Hannoveraner Studenten. Sie erkannten, daß ein Segelflugzeug eine möglichst geringe Sinkgeschwindigkeit haben muß. Sie zu erreichen, suchten sie im Windkanal nach der Maschine mit dem geringsten

SG.38
Nº19
F-WRRK

Luftwiderstand. Als Ergebnis entstand der Vampyr, der im August 1922 drei Stunden und 6 Minuten segelte, eine Höhe von 350 m erreichte und praktisch die Grundlage für den gesamten kommenden Leistungssegelflug bildete. Mit ihm war unwiderruflich bewiesen, was im Segelflug steckt: Eine neue Freiheit für den Menschen! Mit dem Vampyr war der Durchbruch endgültig gelungen, der Weg für die weitere Entwicklung gewiesen und der Segelflug zum Forschungsobjekt geworden. Neukonstruktionen wurden von nun an an den technischen Hochschulen wissenschaftlich erarbeitet. Im Grunde aber hieß die Aufgabe jetzt nur noch: Verbesserung im Detail. So ist es denn auch nicht weiter erstaunlich, daß kaum 3 Jahre später mit dem Konsul bereits das erste richtige Leistungssegelflugzeug flog. Als freitragender Schulterdecker wies der Konsul schon alle Merkmale unserer heutigen Hochleistungsmaschinen auf. Mit einer Spannweite von 18,70 m erreichte der Segler eine Gleitzahl von 21,4, konnte also aus einem Meter Höhe theoretisch 21,4 m weit gleiten!

Und dann gab es die Explosion der Rekorde: Bereits einer der ersten Flüge des Konsuls am 29. September 1923 brachte einen neuen Streckenrekord mit 18,7 km. Zwei Jahre später flog das Nachfolgemuster, die Darmstadt, 51,8 km und blieb 1929 volle 24 Stunden und 13 Minuten in der Luft. Am 4. Mai 1931 schließlich vollbrachte Günther Groenhoff das Kunststück, mit seinem Fafnir von München aus in 8½ Stunden 272 km weit zu fliegen. Damit war endgültig bewiesen, daß der Segelflug keineswegs allein auf Hangaufwinde angewiesen ist, und die Meteorologen recht hatten, die schon längst auf die thermischen Aufwinde hingewiesen hatten. Mit Vehemenz begann die Zeit der systematischen Erforschung der Thermik, die Zeit der großen Streckenflüge, die Zeit, in der der Segelflug endgültig wurde, was er bis heute geblieben ist: Der schönste aller erlebbaren Träume!

Ermöglicht wurde all das durch
– die konsequente Anwendung von aerodynamischen Erkenntnissen, die im Windkanal gewonnen wurden
– die systematische Erforschung der meteorologischen Bedingungen
– die Perfektionierung der Holzbauweise.

Vor allem die Vervollkommnung der Holzbauweise machte so manches »Wunder« überhaupt erst möglich. Wieder war es Georg Madelung, der den richtigen Weg aufzeigt: »Ich hatte erkannt, daß es darauf ankommt, die Vorderkante und die Oberseite des Flügels völlig ungestört zu lassen.« Als Konsequenz konstruierte er den einholmigen Flügel mit drehsteifer, sperrholzbeplankter Flügelnase und zeigte damit, wie man Tragflächen mit großer Spannweite und dennoch leicht und mit genügender Steifigkeit gegen Drehung und Biegung bauen kann.

Vorherige Doppelseite: Der SG 38 war das Schulflugzeug der 30er Jahre.

Links: Flugzeugbau war einst eine Geheimwissenschaft: Perfekter Holzbau bei der Ninimoa.
Rechts: Mit der ASK 18 überm Schweizer Mittelland.

HB-1342

Erstes Glanzstück in der neuen Bauweise war der 1930 fertiggestellte Fafnir. Er hatte nicht nur 19 m Spannweite und geknickte Tragflächen, sondern vor allem ein Profil, das sich über die gesamte Spannweite kontinuierlich änderte. Entsprechend hervorragend war die Gleitzahl, die bei 27 lag! Acht Jahre später schließlich rollte die fast legendäre Weihe von Hans Jakobs an den Start. Sie wurde mit ihrer Spannweite von 18 m und einer Gleitzahl von 31 für rund 20 Jahre das Spitzenschiff der Segelflieger. Noch 12 Jahre nach ihrem Erstflug konnte mit ihr die Weltmeisterschaft gewonnen werden (1950 vom Schweden Billy Nilsson)!

Nicht weniger legendär wurde ein anderes, ebenfalls in Serie gebautes Hochleistungsflugzeug. In seiner 1955/56 fertiggestellten Ka6 brachte Rudolf Kaiser die Holzbauweise noch einmal zu einem letzten Höhepunkt. Mit 15 m Spannweite und einer Gleitzahl von 34 war sie 20 Jahre nach der Weihe zwar nur etwa 10% besser, doch genügte dies, die Ka6 zum meistgeflogenen Flugzeug aller Zeiten zu machen. Über 1500 Exemplare gingen vom kleinen Poppenhausen in der Rhön in alle Welt und ermöglichten Leistungen, die nicht mehr aufzählbar sind. Heinz Huth wurde mit ihr sechsfacher Deutscher Meister und 1960 und 1963 unangefochten Weltmeister! Noch während die Ka6 ihren Siegeszug antrat, eröffnete sich über einen neuen Werkstoff eine völlig neue Perspektive. GFK sollte zum Zauberwort für eine Entwicklung werden, deren Ende bis heute nicht abzusehen ist. Hinter der Abkürzung für glasfaserverstärkten Kunststoff verbirgt sich eine völlig neue Bauweise, bei der neben

Die »Württemberg« war schon ein vollwertiges Segelflugzeug; auch sie ein Produkt der Sperrholzkünstler.

Glasfasern als Bündel von Parallelfasern (Rovings) oder als Gewebe (wie ein Leinenstoff) Epoxidharze verwendet werden. Das zähe Kunstharz läßt sich in einen festen, unlöslichen und unschmelzbaren Zustand überführen. Die im Harz eingebetteten Fasern haben nur einen Durchmesser von knapp 1/100 Millimeter, dabei aber eine Zugfestigkeit von rund 14000 kg auf den Quadratzentimeter. Bester Stahl hat trotz seines wesentlich höheren Gewichtes nur etwa die Hälfte dieser Zugfestigkeit!

Weil der neue Werkstoff flüssig verarbeitet werden muß und erst allmählich aushärtet, war auch eine völlig neue Bauweise notwendig. War bisher nur von innen nach außen gebaut worden, so ging es nun genau anders herum. Das zähflüssige Harz wird wie Kuchenteig in Formen gegossen und mit Glasfasern armiert. Aus den Formen kommen Tragflächen- und Rumpfhalbschalen, die nur noch miteinander verklebt werden müssen.

Den ersten Vogel aus der Form, nicht umsonst Phönix getauft, konstruierte und baute Hermann Nägele. Am 27. November 1957 flog die Maschine zum ersten Mal und ließ alles Bisherige weit hinter sich. Mit einer Spannweite von nur 16 m wurde ein geringstes Sinken von 0,48 m/s und eine Gleitzahl von 40 erreicht. Ein Jahr nach dem Erstflug der Ka6 wurde deren Gleitzahl um 6 Punkte verbessert! Und seitdem geht es unaufhaltsam weiter: Kein Jahr ohne Verbesserung bei den Konstruktionen, kein Jahr ohne einen Schub neuer Rekorde, kein Jahr ohne Erweiterung der im Segelflug steckenden Möglichkeiten.

Höhepunkt moderner Verbundbauweise ist die SB 10 von der Akaflieg Braunschweig.

Die Lösung vom Boden

Der Start in die Unendlichkeit des Himmels ist auch nach Jahren immer wieder von neuem ein Erlebnis. Welches Erlebnis wird der Flug dieses Mal bringen?

Der Flieger, der aufsteigt, kann den Ablauf des Arbeitsvorganges an den Erschütterungen des Rumpfes fühlen. Er spürt, wie das Flugzeug von Sekunde zu Sekunde, in demselben Maße wie seine Geschwindigkeit zunimmt, an Kraft gewinnt. Er erlebt, wie sich im Baustoff langsam die Reife bildet, die das Fliegen möglich macht. Der Flieger schließt die Hände über den Griffen, und langsam sammelt er wie ein Geschenk in seiner hohlen Hand diese wachsende Kraft. Die metallenen Nerven der Steuerung werden zu Boten seiner Macht. Und wenn der Augenblick herangereift ist, vermag der Flieger mit einer Bewegung, die geringer ist als die des Pflückens einer Blume, das Flugzeug vom Boden zu lösen und es in die Luft zu erheben. SAINT EXUPÉRY

Vom Gummihund zum Flugzeugschlepp

»Fahrt ist das halbe Leben«, heißt eine uralte Fliegerweisheit. Doch wie die notwendige Fluggeschwindigkeit überhaupt erreichen, wenn es ganz ohne Motor gehen soll? Lilienthal reichte bei seinen Gleitflugversuchen noch sein eigenes, zweibeiniges »Fahrwerk«, um die für den Start notwendige Beschleunigung zu erreichen. Seinem Vorbild versuchten es dann auch die Teilnehmer des ersten Rhönwettbewerbes 1920 nachzumachen – mit höchst unterschiedlichem Erfolg versteht sich. Weil es eine Starthilfe von außen noch nicht gab, waren die ohnehin recht zerbrechlichen Konstruktionen für den Start auf einen entsprechend starken Gegenwind angewiesen, um überhaupt in die Luft zu kommen. Nicht wenige Unfälle während des ersten Rhönwettbewerbes gingen so auf das Konto der fehlenden Starthilfe.

Wieder war es Wolfgang Klemperer, der für seinen Schwarzen Teufel auch gleich die notwendige Starttechnik erdachte. Er hatte in Aachen Reste der Gummiseile gefunden, die bis zum Ende des Krieges zur Fahrwerksfederung der Kriegsflugzeuge verwendet worden waren. Die 16–20 mm dicken Seile bestanden aus 600–800 umsponnenen Gummifäden. Klemperer rechnete sich aus, daß die Seile bei genügender Dehnung eine beträchtliche Energiemenge speichern und vor allem auch sehr rasch wieder abgeben könnten.

Für den Start legte er ein nicht zu kurzes Seil V-förmig vor den Schwarzen Teufel aus und ließ es um die Hinterkanten der beiden Landekufen laufen. Je 3–4 Mann faßten die beiden freien Enden des Seiles, zwei Helfer hielten das Schwanzende der Maschine fest. Auf das Pilotenkommando »Ausziehen« zogen die zwei Mannschaften die beiden Seilhälften aus, liefen auf das Kommando »Laufen« den Hang hinunter und strafften damit die Seile so weit es ging. Auf das Kommando »Los« gab die Haltemannschaft das Schwanzende frei, und der Vogel schoß in sein Element. Schon beim allerersten Versuch am 4. September 1920 klappte das neue Startverfahren ausgezeichnet und blieb für viele Jahre die zuverlässige Startmethode – auch wenn die Gummihunde, eben die Ärmsten am Seil, die schweißtreibende Mühe oft genug verflucht haben dürften.

Eine ganze Fliegergeneration lebte und litt mit dieser Startart, die ein Zupacken ohne Ende bedeutete und die ein Fliegen ohne entsprechende Mannschaft ohnehin von vorneherein ausschloß. Aber kein Nachteil ohne entsprechenden Vorteil: Da an Doppelsitzer und damit an die uns heute selbstverständliche Schulung am Doppelsteuer noch lange nicht zu denken war, mußte sich der »Schüler« allein und praktisch auf sich selbst gestellt in das fremde Element hineintasten. Und genau dafür war der Start mit dem Gummiseil ideal geeignet, ließ sich doch – entsprechendes Gelände vorausgesetzt – die Wucht des Startes dem »Ausbildungsstand« entsprechend dosieren.

Vorige Doppelseite: Flugzeugschlepp ist heute die zuverlässige Startart, wenn es darum geht, den Aufwind sicher zu erreichen.

Links: Pelzner startete 1920 mit seinem Hängegleiter noch im Laufschritt.
Rechts: Entpuppung im Industriezeitalter. Moderne Segler lassen sich rasch auf- und abbauen.

Ein gewaltiges Handicap aber hatte der Gummiseilstart außerdem auch noch: Er war an ein Gelände gebunden, dessen Gefälle größer als der Gleitwinkel der gestarteten Maschine sein mußte. Ein Start nur mit dem Gummiseil war also im Flachland von vorneherein unmöglich. Für die weitere Verbreitung des Segelfluges besonders im Flachland mußten also andere Startmöglichkeiten gefunden werden.

Schon 1931 berichtete Robert Kronfeld von solchen Versuchen: »Eine außerordentliche Erweiterung seiner Möglichkeiten hat der motorlose Flug erfahren durch die Einführung des Schleppstartes, sowohl hinter dem Auto, als hinter dem Motorflugzeug. Bisher ist es nur mit Hilfe des Flugzeugstarts geglückt, die Anfangshöhe zu erreichen, die ein dauerndes Weitersegeln möglich macht. Wie ich aber, speziell in England gesehen habe, wird dies sicher auch früher oder später mit Hilfe des Autostartes möglich sein, und ich danke an dieser Stelle dem englischen Pionier der Autoschlepp-Methode, Mr.

Ein Grunau Baby II beim Start. Das Baby war für ganze Generationen der Flieger das Übungsflugzeug. Seine Gutmütigkeit war sprichwörtlich.

Lowe-Wylde, für die umfangreiche und gründliche Arbeit, die er auf diesem so wichtigen Gebiete für alle geleistet hat, die von ihm lernen wollen.

Nachdem in Amerika, England und Deutschland erfolgreiche Motorflugzeug-Schleppversuche unternommen worden waren, hatte es die Daily Mail in großzügig-fördernder Weise auf sich genommen, die Aufmerksamkeit der breiten Öffentlichkeit durch die Ausschreibung des Kanalpreises auf den Schleppflug zu lenken.«

Zunächst war es also der Flugzeugschlepp, der den Start auch in ebenem Gelände ermöglichte und zudem den unschätzbaren Vorteil größerer Aktionshöhen bot. War beim Gummiseilstart die Thermiksuche äußerst schwierig und bei fehlendem Hangwind der Wärmeaufwind kaum je zu finden, so boten sich jetzt völlig neue Möglichkeiten, »in Ruhe« auf Thermiksuche zu gehen.

Ein Kranich II B startet im F-Schlepp. Der Kranich diente der Forschung und der Fortgeschrittenenschulung.

Nicht so recht klappen wollten dagegen die Versuche, Segelflugzeuge mit Autos zu schleppen. Hier mangelte es an geeigneten Geländen ebenso wie an ausreichend starken Autos. Ein Durchbruch ergab sich hier erst, als man das Auto nicht mehr fahren, sondern seine Kraft auf eine Seiltrommel wirken ließ. Geboren war die Seilwinde, ohne die bis heute keine Fliegergruppe auskommt. Sie ermöglicht einen problemlosen und zudem noch billigen Start auf eine durchschnittliche Ausgangshöhe von 300–400 Metern, eine Höhe, die bei entsprechendem Wetter »alles« ermöglicht.

Die heute schon fast klassischen und problemlosen Startmöglichkeiten an der Winde oder im Flugzeugschlepp haben lange darüber hinweggetäuscht, daß beide vielleicht gar nicht die idealsten Startarten sind. Dabei hatte einer der bekanntesten Altväter des Segelfluges, Wolf Hirth, schon in den dreißiger Jahren von dieser bis heute vernachlässigten Startart geträumt: dem Start mit eigener Kraft.

Links: Flugzeugschlepp aus der Sicht des Geschleppten. Der Segler fliegt knapp über den Propellerböen.
Unten: Eigenstartfähige Hochleistungssegelflugzeuge sind seit langem der Traum der Segelflieger. Die PIK 20 E verwirklicht den Traum.

Hirth selbst versuchte schon damals, das Problem durch Einbau eines entsprechenden Hilfsmotors zu lösen. Es wollte aber bis heute – von wenigen Ausnahmen abgesehen – nicht gelingen, das Segelflugzeug trotz des Motoreinbaus als reinrassiges Segelflugzeug zu erhalten. Erst mit dem Nimbus M und der PIK 20 E scheint es gelungen zu sein, Eigenstartmöglichkeit und ungeschmälerte Segelleistungen miteinander unter einen Hut zu bekommen und so dem Hochleistungs-Segelflugzeug völlig neue Einsatzmöglichkeiten und Horizonte zu eröffnen.

Vom Wind getragen

»Es wird schwer sein, demjenigen, welcher derartige Gleitflüge nie versucht hat, eine richtige Vorstellung von den Reizen einer solchen schwungvollen Bewegung zu verschaffen. Die Tiefe, über welche man dahinschwebt, verliert ihre Schrecken, wenn man aus Erfahrung weiß, wie sicher man sich auf die Tragfähigkeit der Luft verlassen kann. Wenn man, auf breiten Fittichen ruhend, von nichts als der Luft berührt ... mit einem gut erprobten Apparat dahingleitet, der dem leisesten Druck gehorchend sich unserem Willen fügt, so läßt das Gefühl der Sicherheit die Gefahr bald vergessen ... wie es überhaupt ein unbeschreibliches Vergnügen ist, hoch in den Lüften sich über den sonnigen Berghängen zu wiegen, ohne Stoß, ohne Geräusche, nur von einer leisen Aeolsharfenmusik begleitet, welche der Luftzug den Spanndrähten des Apparates entlockt.« OTTO LILIENTHAL

Mit dem Hangflug begann der moderne Segelflug. Mit einfachsten Maschinen wurden erstaunliche Zeiten, Rekorde und erste Strecken geflogen.

Immer an der Wand lang

»Alles fertig?«
»Alles fertig!« schallt es zurück. »Windstärke?«
»Schwankend zwischen 6–8 Meter-Sekunden.«
Das Seil hängt am Starthaken, die Startleute sind alle an ihren Plätzen. Es kann losgehen.

»7 – 7 – 8 –½!« ruft der Mann mit dem Windmesser. Klar und scharf kommt vom Führersitz das Kommando: »Ausziehen – laufen – los!«

Ein Poltern geht durch die Maschine. Leicht federnd rollt sie auf unserem eigenartigen Fahrgestell, den Conti-Bällen, über den sanft geneigten Wiesengrund.

Leicht erhebt sich der große weiße Vogel. Links und rechts sieht man Startleute in den ulkigsten Stellungen unter dem Tragdeck vorbeihuschen, die sich ducken, um nicht vom Flügel erfaßt zu werden.

Der Wind weht ziemlich gleichmäßig, so daß ich nicht viel Steuerarbeit zu verrichten habe, und der brave Vogel steigt, der Erdenschwere spottend, auf zum blauen Himmel. Links von mir beobachte ich den Pferdskopf, einen Kegel, der scharfumrissen aus dem Bergmassiv herausspringt. Er sinkt tiefer und tiefer und mit schräg vorm Wind liegender Maschine komme ich ihm näher. Oben auf der Spitze erkenne ich die Gestalt eines einsamen Beobachters, der den lautlosen Riesenvogel mit dem Glas verfolgt...

Jetzt stehe ich hoch über dem Pferdekopf und fange an, langsam die Maschine zu drehen, um zum Startplatz zurückzugelangen. Schräg rechts von mir, tief unten sehe ich das Gewimmel der Zuschauer, sehe die Baude auf der Wasserkuppe, sehe die Loesslpyramiden, zwischen denen ich gestartet bin. Langsam lasse ich die Maschine mit Gegenverwindung herumschieben, um sie im letzten Augenblick scharf in die Kurve zu legen. Das Manöver glückt!... Mit großer Fahrt, halb mit Rückenwind geht es auf den Startplatz los. Schon von weitem höre ich vielhundertstimmiges Rufen, das mehr und mehr anschwillt.

Jetzt bin ich etwa 100 Meter hoch über dem Startplatz. In scharfer Linkskurve über der Zuschauermenge drehe ich die Maschine wieder in den Wind. Zum ersten Male ist das lang ersehnte Ziel erreicht: Der von Menschenhand gefertigte und geführte Vogel schwebt hoch über dem Startplatz!

Ich atme auf und ein befreiendes, langgezogenes »Hurra« klingt von hoch oben aus den Lüften auf die Menge hinunter. Unten sehe ich Gestikulieren, Durcheinanderlaufen, höre hundert verschiedene Rufe und verstehe

Links: Ferdinand Schulz auf »Besenstiel« über den Dünen von Rossitten.

Rechts: Mit der Astir über den Felsen der Lechtaler Alpen. Folgende Doppelseite: Hangflug ist auch in Jahreszeiten möglich, in denen es keine Thermik gibt.

nichts. Wie lange bin ich schon in der Luft? ... Die Zeit scheint kurz, scheint lang. Ich sehe auf die Uhr – und habe die Startzeit vergessen.

Schon wieder bin ich an der steil abfallenden Flanke des Pferdskopfes und muß aufpassen, um nicht zu weit übers Tal hinauszuschießen, damit ich nicht die hebende Kraft des Windes verliere. Wiederum lasse ich den großen Segler quer vorm Wind dieselbe Bahn treiben. Wieder sehe ich den einsamen Beobachter auf dem Pferdskopf tiefer und tiefer sinken und stehe still und ruhig wie ein großer, vorsintflutlicher Vogel über ihm, drehe wieder die Rückkehrkurve, fliege wieder auf die unten stehende Menge los, sehe das Kuppenmassiv schnell auf mich zukommen, lege die Maschine etwas schief und bin wieder über der Startstelle.

Wieder stehe ich hoch über dem Pferdskopf, wende langsam und mache oben über der Wasserkuppe die Kurve und in großer Höhe überrunde ich zum sechsten

Mal das Ziel, von lautem Jubel begrüßt. Deutlich merke ich, daß in dieser Höhe ein starker, fast gleichmäßiger Wind weht. Ruhig kann der große Vogel seine Bahn weiter ziehen. Allmählich läßt die Nervenspannung nach. Nur auf einen Augenblick warte ich noch, auf die vierzigste Minute. Im Westen sinkt die Sonne tiefer. Dunst hüllt die Täler ein. Am gegenüber liegenden Eubeberge sehe ich ein Bussardpaar kreisen. Zum neunten Male wende ich über dem Pferdskopf und sehe aus der Ferne die lebende Zahl, höre schon jetzt das Rufen der unten harrenden Menge. Näher komme ich. – Lauter wird das Rufen. »40« heißt die Zahl!

Das Ziel ist erreicht, der Wurf ist gelungen! Senkrecht unter mir liegen Start und Zahl. Ruhig lehne ich mich in den Haltegurt zurück, still liegt die Hand am Steuer und langsam geht die Reise tiefer und talwärts. Nach einer

Mit der ASW 17 stellte Karl Striedieck Weltrekord im Hangflug auf: 1635 km.

Weile wende ich den Kopf zurück und sehe hinter mir scharfumrissen gegen den abendlichen Himmel das Massiv der Wasserkuppe. Unter mir tief, tief zieht das Dorf Poppenhausen vorbei. Über fünfzig Minuten muß ich in der Luft sein. Da durchzuckt mich der Gedanke »Die Stunde muß voll werden«. Ich vermeide jede unnütze Steuerbewegung, um die Höhe, die ich noch habe, Zoll für Zoll langsam zu opfern. Ich sehe auf die Uhr. »Hurra« – die Stunde ist überschritten.«

Der Bericht von Arthur Martens über den von ihm am 18. August 1922 auf Vampyr aufgestellten Rekord (1. Flug mit über einer Stunde Dauer) vermittelt nicht nur einen lebendigen Einblick in die Erlebniswelt des Piloten, sondern gibt auch bereits eine klare Beschreibung der Hangflugtechnik, auf die die Piloten von damals noch ausschließlich angewiesen waren. Sie nutzten den Effekt, daß jede Windströmung dem Höhenprofil eines Hindernisses folgen muß.

Die Grundregeln des Hangfliegens sind einfach und schnell aufgezählt: Seine Größe ist abhängig von der Stärke und der Anblasrichtung des Windes sowie von der Neigung und der Oberfläche des Hanges. Bei gleicher Windstärke ist der Aufwind um so stärker, je steiler der Hang ist. Ist der Aufwind größer als die Sinkgeschwindigkeit des Segelflugzeuges, kann es entsprechend der Differenz der beiden Geschwindigkeiten steigen. Die erreichbare Flughöhe ist abhängig von der Höhe des Hanges, seinem Profil und der Windstärke.

So schön die ganze Hangfliegerei mit ihrem gleichmäßigen Aufwind auch ist, so hat sie doch ihr großes Aber: Es muß nicht nur ein Hang vorhanden sein, der Wind muß auch noch »richtig« blasen. Wenn beides allerdings zusammentrifft, ist Erstaunliches möglich. Das legendäre Beispiel dafür lieferte Ferdinand Schulz, von dem böse Zungen sicher nicht ganz zu unrecht behaupteten, er baue seine Flugzeuge aus Besenstielen und Bettüchern seiner Mutter zusammen.

Obwohl der »Besenstiel« genannte Apparat nur über ein kleines Höhenruder und zwei Klappen an den äußeren Flächenenden steuerbar war (das Seitenruder fehlte völlig!) und der Pilot auf einem winzigen Stückchen Sperrholz saß, stellte Schulz den ersten richtigen Dauerrekord auf: Am 18. Mai 1924 segelte er 8 Stunden und 42 Minuten durch die Dünen der Kurischen Nehrung, wurde weltberühmt und verhalf dem Segelflug auf seine Weise zum endgültigen Durchbruch.

Was aber, wenn man Möglichkeiten und Tücken »seines« Hanges kennt? Wenn man mehr möchte? Schließlich kann man einen Hang nicht auf einen Streckenflug mitnehmen! Nicht umsonst wurde die Rekord-Kategorie »Dauerflug« schnell gestrichen, nicht umsonst geriet der ganze Segelflug kaum 5 Jahre nach dem enthusiastischen Beginn in seine ernsteste Krise. Erst die Entdeckung der Thermik brachte die alles entscheidende Wende und verdrängte den Hangflug nahezu völlig.

Zu neuen Ehren kam der Hangflug erst wieder in neuerer Zeit durch einen Farmer aus den Appalachen, einem der längsten Gebirgszüge Amerikas. Karl Striedieck hatte über Jahre hinweg die Adler beobachtet, die im Herbst von Kanada nach Süden und im Frühjahr umgekehrt den Appalachen im Hangflug entlangjagen. Nahezu ohne Flügelschlag gelingt es dabei den großen Vorbildern der Segelflieger, große Strecken in erstaunlicher Geschwindigkeit zu überwinden, indem sie den Hangkanten des Gebirgszuges im Gleitflug folgen.

Über die Beobachtung der Adler und ihrer Rennstrecke kam Striedieck schnell zu der Erkenntnis, daß die Appalachen bei Wind aus Nordwest einen idealen und zudem noch nahezu »endlosen« Segelhang bilden. Fix rechnete er sich aus, daß hier nach der Methode der Urgroßväter Weltrekordehren zu ernten sein könnten, machte die Appalachen zu seiner Haus-Rennstrecke und stellte prompt Weltrekord um Weltrekord auf. Als erstem Menschen gelingt es ihm, die Traumgrenze von 1000 Meilen im motorlosen Flug zu überwinden. Am 9. Mai 1977 fliegt er die 1000 Meilen mit seiner ASW 17 als Ziel-Rückkehr-Flug im Hangflug und bringt damit ridge running zu einer nie geahnten Vollendung. Wer hätte schließlich in den 20er Jahren geglaubt, daß aus der mühsamen »Hangpoliererei« 50 Jahre später eine 14stündige Jagd über 1635 km werden würde – eine Jagd zudem, bei der das letzte Wort sicher noch nicht gesprochen ist.

Links: Felswände sind gute Aufwindquellen.

Folgende Seiten: Flug über Reben und Lavendel.

Das Wunder der Thermik

Im strahlenden, warmen Glanz der Höhe schwebte das Flugzeug, ein heller, spiegelnder Vogel mit schmalen, weitgestreckten Flügeln. Eine unsichtbare, schlanke Säule wuchs aus dem Boden – sie strebte hinauf in den Himmel und neigte sich schräg über das Land – eine warme, zitternde Säule, ein heißer steigender Luftstrom hatte sich von dem sengenden, gelben Getreidefeld gelöst und zog hinauf, eine lange, schmale, gewundene Säule, schwankend wuchs sie hoch in das Licht und wanderte langsam über das Land. Und das Flugzeug hatte die steigende Säule gefunden, es kurvte in engen, endlosen Kurven im aufwärts ziehenden Luftstrom getragen – der Sonne entgegen. Und es wiegte sich auf der Spitze des schlanken, ragenden Turms, es schwamm da im Lichtmeer. Eine feine, flaumig zarte Wolkenkrone schwebte, ein strahlendes, luftiges Kapitell, auf dem Haupt der ziehenden, schwankenden Säule. Der weiße Vogel schaute mit hellen, wachsamen Augen von der Spitze des unsichtbaren Turms über das schlafende Land – und die Sonne verschwendete ihr unerschöpfliches, strahlendes, heißes Licht über die Welt.

PAUL KARLSON

Jeder Thermiktag ist von neuem ein Wunder. Gewaltige Kräfte werden hier frei und spielen ihr Spiel mit dem Segler, einer ASK 18.

HB-1308

Die Lösung vom Hang

»An einem fast windstillen Tage beobachteten wir zwei Adler beim Kreisen in etwa 150 Meter Höhe. Unsere Aufmerksamkeit wurde durch das Aufleuchten eines Gegenstandes sehr viel tiefer unter diesen abgelenkt. Beobachtung durch's Fernglas zeigte, daß es eine Adlerfeder war, und es erschien, als ob die Feder ganz in der Nähe zu Boden fallen würde. Jemand ging schon los, um sie aufzulesen. Aber kurz danach konnte man beobachten, daß die Feder nicht mehr fiel, sondern schnell höher stieg. Sie verschwand schließlich hoch oben außer Sicht. Sie wurde offenbar in den gleichen Luftstrom hineingezogen, in dem die Adler segelten und wurde von ihm in die Höhe getragen.«

Das Beispiel mit der Feder diente Wilbur Wright in einem Vortrag am 24. Juni 1903 zur Untermauerung seiner schon 1901 geäußerten These. Damals bereits sagte er vor der Western Society of Engineers in Chicago:
»Es gibt noch eine andere Form des Fliegens und die erfordert keinen Motor. Ich meine den Segelflug, bei dem das Fluggerät durch die gleiche Kraft im andauernden Schwebezustand in der Luft gehalten wird, die die Segelvögel ausnutzen. Was für eine Kraft das ist, wurde noch nicht mit Gewißheit erkannt, obgleich es ziemlich sicher ein aufsteigender Luftstrom ist.«
Auch wenn Wright die »Kraft« noch nicht erklären kann, wie sie wirkt, das hat er nahezu 30 Jahre vor den Meteorologen schon exakt beobachtet. In einer für den thermischen Segelflug geradezu visionären Schilderung berichtet er 1903:

»An warmen, klaren Tagen, wenn der Wind ganz schwach war, konnten Geier hoch am Himmel in großen Kreisen fliegend beobachtet werden. Meistens mußten sie zuerst eine gewisse Höhe von mehreren hundert Fuß (100–150 m etwa) durch Flügelschlagen erreichen, bevor diese Art von Segelflug möglich wurde. Oft begann ein Schwarm an einer bestimmten Stelle zu kreisen, wobei sie dann höher und höher stiegen, bis sie sich schließlich trennten und jeder in einer von ihm selbst gewählten Richtung davonflog. Bei solchen Gelegenheiten mußten andere Geier ganz in der Nähe mit den Flügeln schlagen, um ihre Höhe zu halten. Aber sobald diese einen Punkt unter dem kreisenden Schwarm erreichten, stiegen auch sie mit still gehaltenen Flügeln. Dies schien zu beweisen, daß aufsteigende Luftsäulen nicht überall vorkommen, sondern daß die Vögel diese finden müssen. Ganz offensichtlich beobachten sie sich gegenseitig, und wenn einer einen aufsteigenden Luftstrom gefunden hat, kommen die anderen schnell dorthin.«

Noch 20 Jahre später stellte der sonst so verdienstvolle Professor Georgii die These auf, Thermik könne sicher nur gelegentlich und nur zur besseren Ausnützung des Hangwindes genutzt werden. Natürlich wagte keiner der Piloten, der Autorität des Wetterprofessors zu widersprechen. Brav blieben sie alle am Hang und nutzten die »Zufälle«, denen Wolf Hirth den mehr als treffenden Namen »Dusel-Thermik« gab.

Wolf Hirth und seiner schwäbisch-antiautoritären Art sollte denn auch der eigentliche Durchbruch gelingen. Sein Bericht gibt den ersten Thermikflug mit Kreisen im Blauen und ohne Wolken- oder Gewitterhilfe wieder:

»Sechs Maschinen waren schon in der Luft, als ich mich in meinem Segler über den Südhang des Segelfluggeländes bei Elmira hinausschnellen ließ. In wenigen Minuten war ich über die Übungssegler hinausgestiegen und erreichte nach 20 Minuten auch Haller, der in etwa 350 m Höhe durch die Gegend zog. Eine Zeitlang flog mein »Musterle« zusammen mit Hallers »Schloß Mainberg« langgezogene Achten weit über den anderen Seglern, da gewahrte ich plötzlich bei einer Wendekurve, wie mein Kamerad am anderen Ende des Hanges fahrstuhlartig in die Höhe stieg. Sofort lenkte ich meinen Vogel in diese Gegend und konnte auch zu meiner Freude ein ausgedehntes thermisches Aufwindgebiet erreichen, in dem ich innerhalb zehn Minuten, unablässig enge Kreise fliegend, auf beinahe 1000 m über Start stieg. Dies war die größte, während des Wettbewerbs und überhaupt in Amerika bisher erreichte Höhe. Dabei war jedoch an diesem schönen Sonnentag von Wolken keine Spur zu sehen. Die lieblichen Nebelhaufen fehlten gänzlich. Noch überlegte ich mir kurz, ob es einen Sinn habe, ohne diese Aufwindwegweiser loszuziehen und dazu mit Seitenwind auf die vorgeschriebene Strecke zu gehen. Dann lockte mich aber die reizvolle Möglichkeit gar zu sehr, und so war mein Segler gleich darauf unterwegs, das breite Chemungtal abwärts. Freilich ging in den nächsten 15 Minuten wieder viel von der schönen Höhe verloren, als ich nicht weit von Waverly zwei Raubvögel kreisend rasch an Höhe gewinnen sah.

Was hatten denn die da oben zu suchen, so hoch. Im allgemeinen fliegen diese Landstreicher doch nur, um Beute zu finden. Aber manchmal macht es ihnen zweifellos Spaß, zum Vergnügen höher und höher zu schweben. Nun, ihre Lust war auch meine Freude, denn sie zeigten mir, wo ich neuen Auftrieb finden würde. Ein kleiner Umweg brachte mich über sie, und schon ging's auch wieder kurze Zeit aufwärts. Die Vögel ließen sich nicht stören, möglicherweise haben sie mein Sperrholztier gar nicht gesehen, weil sie doch auch lieber nach unten sehen, als sich den Hals nach oben zu verrenken...«

Als es schließlich Günther Groenhoff und seinem Fafnir nur ein Jahr nach Hirth am 4. Mai 1931 gelang, in $8^1/_2$

Unten: Slingsby Prefect in brodelnder Thermik.

Folgende Seiten: Ob Ka 8 oder SB 10, beide treiben ihr Spiel an den Wolken.

HB-599

Stunden von München aus 272 km in der Thermik (und ohne Gewitter) zu segeln, wurde klar, was in dem geheimnisvollen Wort Thermik steckt: die Möglichkeit, auf neue Weise den Himmel zu erobern.

Was Wilbur Wright zwar scharfsinnig beobachtet und beschrieben hatte, nicht aber erklären konnte, das wurde nun systematisch erforscht. Mit Vehemenz stürzte sich Prof. Georgii auf die neue Aufgabe, und schon bald konnten die Wissenschaftler recht exakt definieren, was hinter dem Zauberwort Thermik eigentlich steckt.

Natürlich hat Thermik, wie schon der von den alten Rhönvätern erfundene Name sagt, etwas mit Wärme und der Erwärmung von Luft zu tun. Jeder Physiker kannte auch damals schon die physikalischen Grundregeln für die Erwärmung von Luft, nach denen der Zustand eines thermo-dynamischen Systems von den drei thermischen Zustandsgrößen Druck, Temperatur und Volumen charakterisiert wird. Längst war bekannt, daß bei einer bestimmten Gasmenge das Produkt aus Druck und Volumen dividiert durch die Temperatur stets konstant ist; längst war bekannt, daß es Zustandsänderungen gibt, bei denen jeweils eine der 3 Zustandsgrößen konstant bleibt. Man kannte

- die isotherme Zuständsänderung, bei der die Temperatur unverändert bleibt;
- die isochore Zustandsänderung, bei der das Volumen unverändert bleibt;
- die isobare Zustandsänderung, bei der der Druck unverändert bleibt.

Ebenso kannte man längst die adiabatische Zustandsänderung, bei der während der Zustandsänderung Wärme weder von außen zugeführt noch nach außen abgegeben wird. Und man kannte natürlich die drei Gleichgewichtszustände eines Körpers, wenn die Summe der auf ihn wirkenden Kräfte Null und er in Ruhe oder in gleichformiger, geradliniger Bewegung ist.

Der Körper kann dann nur
- im stabilen Gleichgewicht sein. Nach jeder Störung kehrt er dann in seine Ausgangslage zurück.

Mit der SB 10 auf Überlandflug.

– im labilen Gleichgewicht sein. Nach einer Störung kehrt er nicht in seine Ausgangslage zurück, sondern strebt eine andere, stabile Gleichgewichtslage an.

– im indifferenten Gleichgewicht sein. Nach einer Störung kehrt er weder in die Ausgangslage zurück noch strebt er eine bestimmte andere Lage an. Er bleibt vielmehr in der Lage, in die er durch die Störung gebracht wurde.

Was dagegen lange nicht gelingen wollte, war die richtige Kombination dieser wenigen Grundgesetze und die daraus resultierenden, neuen Gesetzmäßigkeiten in bezug auf die Erwärmung der Luft abzuleiten. Zwar wußte man, daß sich Luft bei der Erwärmung ausdehnt, damit spezifisch leichter wird und zwangsläufig aufsteigen muß. Welche Kräfte dabei aber im Spiel sind, welche Bedingungen erfüllt sein müssen und welche Kriterien eine Vorhersage ermöglichen könnten, das alles waren Probleme, die erst langsam geklärt werden konnten.

Daß sich Luft bei der Erwärmung ausdehnt, ist Folge der Energiezufuhr. Es wächst die Bewegung der Moleküle, die entsprechend mehr »Ellenbogenfreiheit« und damit mehr Platz beanspruchen. Weniger Moleküle in der Raumeinheit aber ergeben nicht nur ein geringeres Gewicht, sondern auch einen geringeren Druck. Wird Luft nun am Boden unterschiedlich erwärmt, entsteht zwischen den beiden Mengen nicht nur eine Gewichts-, sondern auch eine Druckdifferenz. Die um die erwärmte Luft herumgelagerte kalte bleibt unter höherem Druck und zwingt die wärmere durch seitlichen Druck, in die einzig verbleibende Richtung auszuweichen – also nach oben zu steigen.

Natürlich steigt die erwärmte Luft um so besser, je stärker der Druck ihrer kalten Umgebung ist. Er wiederum ist um so höher, je kälter es ist. Daraus läßt sich direkt ableiten:

– Temperaturdifferenz erzeugt Druckdifferenz
– Druckdifferenz erzeugt Auftrieb
– Der Auftrieb ist proportional zur Temperaturdifferenz.

Die Ka 7 ist in den Dimensionen der Bernina nur ein winziger Punkt.
Folgende Doppelseite: Im brodelnden Wolkenmeer.

Darin liegt also die Begründung, weshalb die Thermik im Frühjahr am besten ist. In der noch kalten Luft genügt schon kurzfristige Sonneneinstrahlung, um die Temperatur- und damit die Druckdifferenz groß genug werden zu lassen. Umgekehrt kann an einem heißen Sommertag die Sonne manchmal noch so brennen. Die ohnehin schon überall heiße Luft verhindert das Entstehen der notwendigen Druckdifferenz. Auf Thermik wird man vergeblich warten. Anders herum: Thermik ist nicht an eine bestimmte Temperatur, sondern vielmehr an eine möglichst große Temperaturdifferenz gebunden. Sie aber kann in jedem Temperaturbereich entstehen.

Wenn Thermik nur dort vorkommt, wo Temperatur- und damit Druckdifferenzen entstehen, kann sie eigentlich auch nur soweit hinaufreichen, soweit die Temperaturbzw. Druckdifferenz vorhanden ist – womit die verschiedenen Gleichgewichtszustände ins Spiel kommen. Ein Luftteilchen ist ihnen genauso unterworfen wie etwa eine Kugel. Demnach ist ein isoliertes Luftquantum

– im stabilen Gleichgewicht, wenn es nach einer Verschiebung nach oben in die Ausgangslage zurückkehrt. Es ist dann gegenüber seiner neuen Umgebung zu kalt, zu dicht und damit zu schwer und kehrt deshalb in seine Grundposition zurück.

– im labilen Gleichgewicht, wenn es sich nach einer Verschiebung nach oben von seiner Ausgangslage noch weiter entfernt. Es ist gegenüber seiner neuen Umgebung wärmer, weniger dicht und damit leichter und entfernt sich so lange von der Grundposition, bis es auf Luft gleicher Temperatur und Dichte trifft.

– im indifferenten Gleichgewicht, wenn es nach einer Verschiebung in jeder Lage verharrt. Es hat in der neuen Lage genau die Temperatur, die Dichte und das Gewicht der Umgebung und verharrt dort, wenn die Energie des Anstoßes aufgebraucht ist.

Nun wissen wir aber, daß Temperatur, Dichte und Druck von Luft auch noch von der Höhe abhängig sind. Luft, die in Meereshöhe bei 15° C einen Druck von 1013,25 Millibar hat (Normalatmosphäre), weist in 1000 m Höhe nur noch einen Druck von 898,76 mb und eine Temperatur von 8,5° C auf. In 5000 m Höhe schließ-

lich ist der Druck mit 540,48 mb nahezu halbiert, die Temperatur ist auf −17,47° C zurückgegangen – und dennoch handelt es sich um die »gleiche« Luft. Würde ein Luftquantum aus Meereshöhe ohne Energiezu- oder -abfuhr in 5000 m Höhe gebracht, käme es dort eben mit halbierter Dichte und gut 30° C kälter an und umgekehrt. Diese Form der Temperaturabnahme in der Normalatmosphäre heißt adiabatisch. Ist die Luft trocken (bilden sich also keine Wolken) ist die Temperaturabnahme »trocken-adiabatisch« und beträgt ein Grad Celsius auf 100 Meter Höhenunterschied. Spielt sich das Ganze im feuchten Bereich ab, ist die Temperaturabnahme »feucht-adiabatisch« und beträgt aufgrund der freiwerdenden Kondensationswärme weniger als ein Grad auf 100 Meter Höhenunterschied.

Werden nun die Gleichgewichtszustände eines Luftquantums mit der adiabatischen Temperaturabnahme in Beziehung gesetzt, ergibt sich für »trockene« (= ungesättigte) Luft:

– im trockenstabilen Gleichgewicht ist ein isoliertes Luftquantum, wenn seine Temperatur um weniger als 1° C pro 100 m abnimmt.

– im trockenlabilen Gleichgewicht ist ein isoliertes Luftquantum, wenn seine Temperatur um mehr als 1° C pro 100 m abnimmt.

– im trockenindifferenten Gleichgewicht ist ein isoliertes Luftquantum, wenn seine Temperatur genau 1° C pro 100 m abnimmt.

Entsprechendes gilt für »feuchte« (= gesättigte) Luft, nur eben bezogen auf den um die freiwerdende Kondensationswärme korrigierten Adiabatenwert.

So kompliziert das vielleicht klingen mag, so einfach sind diese Zusammenhänge zu handhaben – wenn der Temperaturverlauf mit der Höhe bekannt ist. Dann nämlich muß neben die Zustandskurve (den sogenannten Gradienten) nur noch die Vorgangskurve (die sogenannte Adiabate) eingezeichnet werden. Das Ergebnis beschreibt die Thermikmöglichkeiten in Stärke und Ausdehnung:

– liegt die Adiabate links vom Gradienten, ist keine Thermik zu erwarten. Je weiter beide Kurven auseinander liegen, desto größer ist die Stabilitätsenergie.

– decken sich Adiabate und Gradient, herrscht indifferentes Gleichgewicht. Thermik ist nur zu erwarten, wenn entsprechend große Energiezufuhr zu erwarten ist.

– liegt die Adiabate rechts vom Gradienten, ist Thermik zu erwarten. Je weiter beide Kurven auseinanderliegen, desto größer ist die Labilitätsenergie.

Die vertikale Ausdehnung des indifferenten oder labilen Bereichs schließlich läßt Rückschlüsse nicht nur auf mögliche Flughöhen, sondern auch auf die Wetterentwicklung überhaupt zu. Schneiden sich etwa Gradient und Adiabate nach einem labilen Bereich schon zwischen 2 und 3000 Metern Höhe, kann daraus ziemlich sicher geschlossen werden, daß es an diesem Tage bestimmt keine Überentwicklung mit Gewitter geben wird (mögliche andere Einflüsse außer acht gelassen). Umgekehrt weist zu große Labilitätsenergie, die zudem in große Höhe reicht, stets auf große Gewittergefahr, zumindest aber auf Überentwicklung hin.

Welche Gewalten hinter dem ja nur eine Möglichkeit beschreibenden Wort »Labilitätsenergie« bei entsprechender Energiezufuhr stecken können, zeigt eine einfache Überlegung: Ein Kubikmeter Luft wiegt etwa 1,3 kg, ein Grad Erwärmung läßt ihn um ganze 5 Gramm leichter werden – 5 Gramm, die es in sich haben. Unterstellen wir, daß ein sonniger Fleck von 200 m Durchmesser die Luft 20 m hoch um 2 Grad erwärmt, dann beträgt die Gewichtsabnahme bereits 6280 kg.

Wird diese Blase nun so leicht, daß die Druckdifferenz sie zum Steigen zwingt und ist die Labilitätsenergie groß genug, steigt die Blase nicht nur selber auf, sondern zieht auch noch weitere Luft nach. Aus der kleinen Warmluftblase wird ein Thermikschlauch, der bei entsprechendem Energienachschub vom Boden bis zu den Wolken reicht. Unterstellen wir jetzt noch dazu, daß der Bart bis zu den flachen Schönwetter-Cumuli in 2000 m Höhe reicht, dann sind in ihm 81 640 Tonnen Luft in

Sonnige Felsen am Dachstein heizen der Luft ein: Bedingung für schnellen Streckenflug.

Bewegung. Bei einer Steiggeschwindigkeit von 2,5 m/sec erreicht die Spitze des Bartes die 2000 m Höhe nach 13,3 Minuten. Oder andersherum: Solange der Aufwind mit einem Durchmesser von 200 Metern und einer Steiggeschwindigkeit von 2,5 m/sec besteht, befördert er alle 13,3 Minuten 81640 Tonnen Luft zu den Wolken!

In den Wolken selbst geht – wieder entsprechende Labilitätsenergie vorausgesetzt – der Tanz erst richtig los. Die bei der Kondensation frei werdende Wärme heizt dem Aufwind erst so richtig ein, da sie die Temperaturdifferenz zwischen der aufsteigenden und der umgebenden Luft stark vergrößert. Entsprechend sprunghaft steigt die Stärke des Aufwindes, der dabei durchaus mit bis zu 30 m/sec Sturmstärke erreichen kann.

Erste richtige Bekanntschaft mit den Kräften, die hier im Spiel sind, machte Max Kegel am 12. August 1926 als er sich in der offenen »Kassel« über der Wasserkuppe in ein Gewitter wagte. Sein Bericht ist wohl die beste Einführung in den ganzen Umfang dessen, was das harmlose Wort Thermik für den Segelflieger bedeuten kann:

»Ich kurve nochmals dem Gewitter entgegen und komme in gewaltig aufsteigende Luftmassen. Sofort ist mir klar, daß ich auf Strecke in Richtung Neustadt fliegen müßte. Ich drehe in den Rückenwind ein, um aus den immer dichter werdenden Wolkenmassen herauszukommen. Aber die Rechnung war falsch. Die Wolkenbildung hat sich in großem Umfange so schnell vollzogen, daß ich nicht mehr herauskomme, obwohl ich jetzt in Zugrichtung des Gewitters fliege. Im Nu ist die Maschine in Wolken gehüllt. Es regnet – es hagelt! Längst ist die Erde meinen Blicken entschwunden und jede Orientierung unmöglich geworden. Die Flügelenden meiner Maschine sind nicht mehr sichtbar. Schwarze, dichte Wolken umgeben mich. Der Hagel sicht ins Gesicht. Nur mit Mühe kann ich meinen Geschwindigkeitsmesser ablesen.

Ich bin im Gewitter – mitten drin. Nach welcher Richtung fliege ich? Bevor ich in den Wolken verschwand, hatte ich den Wind im Rücken. Eigentlich müßte ich in wenigen Sekunden aus den Wolken herauskommen. Der Kurs muß sich geändert haben. Da ich außer meinem Schalenkreuz-Anemometer ohne jedes Instrument fliege, war das verständlich. Zu gut kenne ich die Gefahren von Wolkenflügen von der Motorfliegerei her. Ich vermeide daher wohlweislich, mein Flugzeug absichtlich in die Kurve zu legen.

Ich fühle dauerndes Steigen durch den Druckwechsel in meinen Ohren. Mein Flugzeug gleicht einem Blatt Papier, das in einem Kamin hochgezogen wird. Die Tatsache des fortgesetzten Steigens schaltet die Gefahr aus, plötzlich mit einem Berg, Wald oder anderen Hindernis in Berührung zu kommen.

Um mich ist tiefe Finsternis und ein Getöse, als stände ich unter einem Wasserfall. Sturmböen und Hagel finden am Sperrholzrumpf und an den Flächen gute Resonanz. Mein Hauptaugenmerk ist darauf gerichtet, die Beanspruchung der Maschine auf ein Minimum herabzudrücken. Ich versuche, sie nach Möglichkeit auf ihrer Eigengeschwindigkeit von 16 m/sec (58 km/h) zu halten. Plötzlich auftretende, aber lang anhaltende Windstöße von irgendwoher lassen es nicht vermeiden, daß der Fahrtmesser bis zu 20 m/sec anzeigt, sich dann überschlägt und danach nur 8 bis 10 m/sec gibt – also in Wirklichkeit über 30 m/sec (110 km)!

Jetzt heißt es Ruhe! Und wieder Ruhe! Ich brülle laut »Ruhe«, mehrere Male. Um jegliche Schwingungen der Flächen zu verhüten, ziehe ich ganz langsam und gleichmäßig die Maschine auf 16 m/sec.

Plötzlich – Totenstille um mich! Der Zeiger geht rapide auf 4 m/sec zurück und die Maschine rutscht nach hinten, nicht über die Fläche! Das Gefühl für die richtige Querlage habe ich noch immer. Ganz langsam und vorsichtig drücke ich wieder auf 16 m/sec. Das wiederholt sich mehrere Male!

Schmerzlich vermisse ich einen Höhenmesser, und endlos scheint mir die Zeit. Dann plötzlich sackt die Maschine unter dem Sitz weg – ein kräftiger Fallwind – und dann wieder das Gefühl senkrechten Steigens. Könnte ich doch nur einen Augenblick die Erde sehen, um mich von der Lage der Maschine zu überzeugen! Es muß doch unendlich lange Zeit sein, daß mich schwarze Wolken umgeben.

Jetzt wird es heller – ein Wolkenloch huscht vorbei. Einen Augenblick nur, aber es genügte, um mich zu überzeugen, daß ich mich auf mein Gefühl für die richtige Querlage verlassen konnte.

Rechts von mir werden die Wolken heller – noch ein Wolkenloch – ein leichter Druck ins Seitensteuer und ich fliege in dieser Richtung. Nur noch Sekunden, und die Wolken nehmen ein Ende! Das schönste Wetter umgibt mich, und unter mir vielleicht 1500–1800 m tief eine Landschaft im Sonnenschein.«

Dieser Flug vom »Gewitter-Maxe«, der immerhin schon – wenn auch unfreiwillig – über 55,2 km führte, und der schon ganz gezielt geplante 272 km Flug von Günther Groenhoff markieren den Beginn und ersten Erfolg einer Entwicklung, die auch heute noch längst kein Ende gefunden hat. Kegel und Groenhoff hatten bewiesen, daß die Thermik alleine den ersehnten Streckenflug möglich macht. Ihre Nachfolger nutzen bis heute jeden Sommer von neuem den unerschöpflichen Antrieb, den uns die Natur zur Eroberung des Himmels im motorlosen Flug zur Verfügung stellt: die Thermik.

Eine einsame Libelle verliert sich im Wolkenmeer.

Segelfliegen heißt nicht nur steuern

Segelflug ist Sport – Segelflug ist schön. Aber er ist viel mehr als das. In den tobenden Böen im Zentrum der Gewitterwolke, als der Sturm seinen »Fafnir« zu zerbrechen drohte und an den Flächen riß, beobachtet Groenhoff scharf, klar, ruhig die Drehung, das Verbiegen der Flügel – er mußte es wissen, es war wichtig für die Zukunft, wie sich das Material bei dieser Überbeanspruchung benahm. Und – das Gewitter lockte ihn, der Kampf reizte ihn, und was ihn ebensosehr reizte, war der Wissensdrang des Forschers. Deshalb, um die Natur kennenzulernen und ihr ihre Geheimnisse zu entreißen, flogen die Segelflieger in die Wolken und den Sturm. Denn Segelflug ist auch eine Wissenschaft. Niemals wären die großen Leistungen vollbracht worden, wenn nicht die kühle, berechnende Forschung dem Flieger immer neue Aufgaben gestellt hätte. Und er löste sie mit ruhiger, selbstverständlicher Zuversicht und brachte neue Erkenntnisse und neue Probleme für die Wissenschaft aus den Wolken zurück.

Segelflug – das ist Meteorologie, Aerodynamik, Statik des Flugzeugbaus.

Seht ihr – darum lieben wir den Segelflug, weil er alles zugleich ist – weil er Hand und Herz und Hirn erfordert.

PAUL KARLSON

Für Bergsteiger ist der Bianco Grat die schönste Himmelsleiter der Alpen. Für den Piloten der LS 3 ist er »nur« faszinierende Dekoration der ersten Stufe seines Aufstieges zu den Wolken.

Ein Segelflieger lernt nie aus

Wer heutzutage nach 50 oder 60 Flügen am Doppelsteuer und der Einweisung in alle nur erdenklichen Fluglagen seinen ersten Alleinflug absolviert, mag innerlich vielleicht auch noch ein wenig zittern – Grund dafür aber gibt es nicht mehr. Die natürlichen Reflexe sind bereits so trainiert, die neue Welt der Lüfte so vertraut, daß einfach nichts passieren kann. Der erste Alleinflug ist fast Routine – eine Platzrunde wie viele zuvor.

Das aber war keineswegs immer so. Die Zeiten, wo sich der Möchtegern-Pilot zunächst einmal über Monate zuerst in der Werkstatt und schließlich als Gummihund am Startseil zum Knüppel hochdienen mußte, sind noch gar nicht so lange vorbei. Außer der Verpflichtung zu Arbeit und Anstrengung bestand die »Schulung« damals im wesentlichen aus Zuschauen, aus Beobachten der anderen und aus der Absicht, es vielleicht selbst besser zu machen. War endlich genügend Frondienst geleistet und der erste eigene Start verdient, galt es erst noch, den eigenen inneren Schweinehund zu überwinden: Der Hauruck-Start am Gummiseil ließ nur ein Entweder – Oder zu. Ein langsames Lernen, ein vorsichtiges Mitfühlen und Herantasten war unmöglich. Schon der erste Start war ein – wenn auch noch so kurzer – Flug, der möglichst fehlerfrei gesteuert sein wollte – und das meist auf einem Apparat, der mit einem mittelalterlichen Folterinstrument meist wesentlich mehr gemeinsam hatte als mit einem Flugzeug.

Eines aber hatten die Rhönväter schon früh erkannt: Für die Ausbildung bis zum rein handwerklichen Beherrschen des Flugzeuges ist weder ein aufwendig gebautes noch ein mit komplizierten Instrumenten ausgestattetes Flugzeug notwendig. Fritz Stamer, der Flugleiter der Martens-Flieger-Schule, war nicht nur der erste, der einen systematischen Schulbetrieb für Segelflieger aufzog. Er war auch der erste, der erkannte, auf was es beim Erlernen dieser »Kunst« ankommt.

»Ich ging von dem Gedanken aus, daß die Bedienung der einzelnen Ruder derart selbstverständlich und organisch richtig ist, daß dann, wenn die steuernde Hand die natürlichen Reflexbewegungen auf Lageänderungen des Flugzeuges ausführt, ein Steuerausschlag in falscher Richtung eigentlich ausgeschlossen ist. Man müßte also das Fliegen erlernen können, so wie man das Radfahren erlernt, wobei man auch nicht auf vielen Fahrten immer wieder schult, wie man die Lenkstange zu bewegen hat, sondern eigentlich in dem Augenblick bereits fahren kann, wo man das volle Zutrauen zu dem Gefährt gewonnen hat, und den aus dem Unterbewußtsein kommenden Reflexbewegungen freies Spiel läßt.

Wenn aber das Zutrauen zu einem Gefährt geweckt werden soll, dann gilt es aufzuräumen mit Ammenmärchen, die über das Fliegen erzählt werden, mit dem oft durchsichtigen Grund, eigene Fähigkeiten in ein ganz besonderes Licht zu setzen. Das Radfahren wird erst dann zur Leistung, wenn man besonders schnell, besonders lange oder besonders kompliziert fahren kann. Gar nicht anders ist es beim Fliegen.

Das Fliegen allein ist eine absolut normale Angelegenheit, und die Leistung fängt erst da an, wo mit Hilfe des Fliegens Besonderes erreicht wird. Damit ist der Lehrer schon nicht auf Grund seines Könnens himmelweit dem Schüler überlegen, sondern er ist nichts weiter als erfahrener und muß bestimmt, wenn überhaupt Fortentwicklung möglich sein soll, den Schüler, der jünger als er selbst ist (wenn auch nur im Fliegen), weiterbringen als er selbst ist. Darin liegt eine gewisse Tragik des Lehrerberufes. Der Lehrer muß stolz sein, wenn seine Schüler ihn mit ihren Leistungen überbieten.

Das Fliegen ist eine individuelle Angelegenheit. Fast alle Menschen fliegen verschieden, je nach Temperament oder Veranlagung. Es gibt Menschen, die weich und geschmeidig fliegen, andere, die hart und robust fliegen, welche, die vorsichtig, und welche, die schneidig oder gar frech fliegen. Hat man diese Erkenntnis gewonnen, dann wird man nicht versuchen, alle Schüler in eine Form pressen zu wollen. Man wird im Gegenteil versuchen, ihre Eigenart in fliegerisch brauchbarer Form zu entwickeln.

Das setzt voraus, daß der Lehrer seine Schüler kennenlernt. Dazu sind eine innige Kameradschaft und eine gute Menschenkenntnis des Lehrers notwendig. Ein Schüler, der langsamer vorankommt als ein anderer, ist nicht schlechter, sondern nur schwerfälliger. Ein Schü-

Vorige Doppelseite: Formationsflug am Hang.

Rechts: LS 3 vor dem Hängegletscher des Piz Palü.

ler, der gar nicht recht vorankommt, hat noch irgendwelche Hemmungen, irgendwelche Komplexe, die der Lehrer abbauen helfen muß. Er ist deshalb weder ein Idiot noch ein Riesenroß.

Fliegen lernt jeder körperlich und geistig gesunde Mensch. Es erfordert kein Übermaß an Mut oder an Geistesgegenwart, kein geistiges oder körperliches Athletentum. Das ist in Tausenden von Fällen unzweifelhaft erwiesen. Die Aufgabe des Fluglehrers ist es, den Schüler zu Anfangssprüngen, dann zu kleinen und größeren Flügen immer so anzusetzen, daß die gestellte Aufgabe den Fähigkeiten des Schülers entspricht. Das geht so weit, daß der Lehrer den Schüler in seinen fliegerischen Fähigkeiten meistens besser kennt als dieser sich selber. Der Schüler traut sich entweder zuviel oder zuwenig zu. Der Lehrer beobachtet den Flug des Schülers in jeder Phase haargenau und gibt dem Schüler nach dem Fluge die Korrektur. Er nennt ihm nicht nur die Fehler, die gemacht sind, sondern nennt auch die Gründe, aus denen sie gemacht sind.

So wie der Schüler entsprechend seinen steigenden Fähigkeiten zu immer schwierigeren Flügen angesetzt wird, so wird auch langsam das Anfängerschulflugzeug gegen ein solches für Fortgeschrittene und zuletzt für Leistungsflieger eingetauscht. Die Methodik der Schulung im motorlosen Flugzeug verlangt, daß im Anfängerflugzeug sowie im Flugzeug für Fortgeschrittene noch keinerlei Instrumente vorhanden sind. Das sogenannte fliegerische Gefühl im Schüler soll hochgezüchtet werden, und Instrumente sollen lediglich zur Kontrolle erst dann eingebaut sein, wenn der Führer über das Stadium des Fliegenlernens hinweg ist. (Was heute allerdings anders geworden ist.)

Ein Flieger soll unter normalen Umständen jederzeit ohne Instrumente fliegen können, denn im letzten Grunde soll er sich nur immer auf sich selber verlassen. Deshalb soll er auch nicht das Fliegen nach Instrumenten erlernen. Es gilt die Schulflugzeuge so zu entwikkeln, daß der Anfänger gefahrlos nach der Methode der Alleinschulung geschult werden kann, daß ohne große Schwierigkeit der Übergang auf leistungsfähigere Maschinen möglich ist, und daß die zum Schulen verwendeten Flugzeuge so billig sind, daß ein Schulbetrieb überhaupt tragbar ist.«

Stamers Erkenntnisse führten zum einen dazu, daß Segelfliegen wirklich wie Radfahren gelernt wurde. Ähnlich wie dort die gefahrene Strecke mit jedem Versuch länger wird, so wurde bei der Segelflugschulung die fliegbare Strecke stetig verlängert, bis der Schüler so weit war, auch von der Hangkante ganz oben zu starten und sich frei in der Luft zu bewegen. Obschon der Schüler bis zu diesem Zeitpunkt ja auch alleine – also frei – geflogen war, hatte er erst jetzt das erreicht, was heutige Flugschüler mit dem ersten Alleinflug erreichen. Deshalb wird noch heute vom Freiflug gesprochen.

Zum anderen führten Stamers Forderungen zur Entwicklung von Apparaten, auf denen eine ganze Generation das Fliegen lernte: den mit Drähten verspannten Hochdecker, dessen Spannturm ihm den liebevollen Beinamen »Schädelspalter« eintrug. Nur die beiden Typen »Hol's der Teufel« und »Pegasus« hatten allerdings den echten Schädelspalter. Eine Strebe des Spannturmes stand hier genau vor dem Kopf des Piloten.

Stamer wollte diese Strebe unbedingt beseitigt haben und fand dabei die Hilfe von Rhönvater Oskar Ursinius. Dieser sperrte Stamer und den Konstrukteur Alexander Lippisch einfach in ein Büro mit der Auflage: »Ich lasse Euch hier nicht wieder heraus, ehe ihr nicht erstens den idealen Schulgleiter für Anfänger und zweitens das beste Übungsflugzeug für Fortgeschrittene entworfen habt.« Als Ergebnis entstanden der Schulgleiter »Zögling« und das Übungsflugzeug »Prüfling«. So einfach war das damals!

Mit den ersten Doppelsitzern und der zunehmenden Verbreitung des Windenstartes aber wurde das alles anders. Schon der erste Schulstart an der Winde ist seither mindestens eine komplette Platzrunde, nicht selten auch gleich ein längerer Flug. Schon vom ersten Schulstart an kann der Schüler in Ruhe das Flugzeug zu steuern versuchen, kann damit beginnen, den Horizont zu halten, die Fahrt zu kontrollieren, die ersten Kurven einzuleiten und die Maschine wieder aufzurichten – und dabei erfahren, daß Theorie und Praxis doch zweierlei sind.

Segelflug wird hauptsächlich in Vereinen betrieben. Sie sind Eigentümer der Maschinen und bilden ihren Nachwuchs selbst aus.

CIRRUS
35

Hatte er am Boden gelernt, daß das Höhenruder zur Stabilisierung der Maschine um die Querachse da sei, Ziehen am Knüppel die Maschine langsamer und Drükken schneller mache, so erfährt er jetzt, daß ein zu sehr gezogenes Höhenruder allenfalls die Strömung abreißen läßt, weil der Anstellwinkel zu groß und das Flugzeug zu langsam wird. Wird dagegen zu sehr gedrückt, wird unnötig Höhe in Geschwindigkeit umgesetzt. Die wachsende Erfahrung zeigt da schnell, daß das Höhenruder nur die Aufgabe hat, Störungen auszugleichen, die Fluggeschwindigkeit konstant zu halten und so den Gleitwinkel zu optimieren.

Etwas vertrakter wird es dann in der Kurve. Hier zeigt sich nämlich, daß kein Ruder ohne Einfluß auf die übrigen ist und die eigentliche Kunst des Piloten darin besteht, die einzelnen Ruder richtig zu koordinieren. Zwar ziehen die am ausgeschlagenen Seitenruder entstehenden Kräfte verstärkt durch den Hebelarm die Maschine in die neue Richtung. Nur ist damit noch keine Kurve geflogen. Das Ergebnis ist nämlich das gleiche, als wollte man mit dem Fahrrad eine Kurve völlig aufrecht fahren. In beiden Fällen würde man nach außen fallen. Für das Flugzeug würde das eine Schiebekurve bedeuten. Um das zu verhindern, wurde das Querruder erfunden.

Das Querruder sorgt für die richtige Schräglage dadurch, daß es an einer Flächenhälfte den Auftrieb vergrößert und an der anderen verringert. Erreicht wird das durch Klappen an der Hinterkante der Tragflächen, die gegensinnig ausschlagen. Soll die Fläche eine Schräglage nach links (in Flugrichtung gesehen) erhalten, schlägt das rechte Querruder nach unten aus, vergrößert die Wölbung und steigert damit den Auftrieb. Das linke Querruder schlägt gleichzeitig nach oben aus, verkleinert die Wölbung und verringert damit den Auftrieb.

Dieses eigentlich einfache Prinzip funktioniert nur leider nicht ganz ohne Nebenwirkung: An der Fläche mit dem größeren Auftrieb steigt der größeren Wölbung wegen auch der Widerstand, an der Fläche mit dem geringeren Auftrieb sinkt dafür der Widerstand wegen der geringeren Wölbung entsprechend. Folglich bleibt die Fläche mit dem größeren Widerstand zurück, die mit dem geringeren Widerstand eilt vor. Das Flugzeug dreht in die der Schräglage entgegengesetzte Richtung. Die Piloten sprechen dann vom Gieren der Maschine oder allgemeiner vom negativen Wendemoment.

Links: Im schweizerischen Samedan treffen sich jeden Sommer Leistungsflieger aus ganz Europa.
Folgende Doppelseite: Von oben sehen Gletscher zähem Kuchenteig nicht unähnlich.

Das Gieren ist auch der Grund dafür, daß das Querruder selbst im Geradeausflug nie alleine benutzt werden kann. Bringt eine Böe das Flugzeug aus der horizontalen Lage, muß zur Korrektur außer dem Querruder auch das Seitenruder im gleichen Sinne betätigt werden, damit die Maschine im Geradeausflug bleibt.

Für den Kurvenflug werden ohnehin Seiten- und Querruder gemeinsam gebraucht, und das funktioniert folgendermaßen: Mit dem Seitenruder wird die Kurve eingeleitet, mit dem Querruder wird nachgeholfen, bis die Maschine stabil kurvt. Beide Ruder kommen auf Null, erst wenn der Kurvenflug beendet werden soll, werden sie beide wieder benötigt. Das Höhenruder dient im Kurvenflug hauptsächlich der Stabilisierung und Optimierung der Gleitbahn. Wird die Kurve allerdings steiler, bekommt auch das Höhenruder für die Steuerung der Kurve seine Funktion. Es wirkt dann mehr und mehr als Seitenruder, das Seitenruder wiederum wird mehr und mehr zur Steuerung der Gleitbahn benötigt.

Dennoch lernt aber auch heute noch jeder das handwerkliche Fliegen wie es schon Stamer erkannte, wie das Fahrradfahren. Da der Schüler nicht ohne weiteres spürt, ob der Lehrer hinter ihm über die gekoppelten Pedale und Knüppel steuert oder nicht, fliegt er meist lange selbst, während er noch fest an die Steuerung durch den Lehrer glaubt – wie der Radfahrer, der sich noch gehalten glaubt und doch längst alleine fährt. Der erste Alleinflug ist so nur eine Frage der Zeit, da der Lehrer ja direkt beurteilen kann, wann der Schüler reif ist.

Mit den ersten Alleinflügen beweist der Schüler, daß er das rein handwerkliche Fliegen beherrscht. Mit jedem weiteren Flug wird er mit Maschine und Luft vertrauter. Bald stolpert er in die erste Duselthermik und fängt irgendwann an zu glauben, nun könne er fliegen.

Schwebende Träume

Zeigt mir das Ding in der Welt, das schöner ist als Wolken sind! Sie sind Spiel und Augentrost, sie sind Segen und Gottesgabe, sie sind Zorn und Todesmacht. Sie sind zart, weich und friedlich wie die Seelen von Neugeborenen, sie sind schön, reich und spendend wie gute Engel, sie sind dunkel, unentrinnbar und schonungslos wie die Sendboten des Todes. Sie schweben silbern in dünner Schicht, sie segeln lachend weiß mit goldenem Rand, sie stehen rastend in gelben, roten und bläulichen Farben. Sie schleichen finster und langsam wie Mörder, sie jagen sausend kopfüber wie rasende Reiter, sie hängen traurig und träumend in bleichen Höhen wie schwermütige Einsiedler. Sie haben die Formen von seligen Inseln und die Formen von segnenden Engeln, sie gleichen drohenden Händen, flatternden Segeln, wandernden Kranichen. Sie schweben zwischen Gottes Himmel und der armen Erde als schöne Gleichnisse aller Menschensehnsucht, beiden angehörig – Träume der Erde, in welchen sie ihre befleckte Seele an den reinen Himmel schmiegt. Sie sind das ewige Sinnbild alles Wanderns, alles Suchens, Verlangens und Heimbegehrens. Und so, wie sie zwischen Erde und Himmel zag und sehnend und trotzig hängen, so hängen zag und sehnend und trotzig die Seelen der Menschen zwischen Zeit und Ewigkeit.

HERMANN HESSE

Begegnung auf der Straße der Thermik. Segelflug ist heute Streckenflug. Erst wer sich vom heimatlichen Platz und seiner vertrauten Umgebung löst, erlebt die ganze Dimension motorlosen Fliegens.

Die Hohe Schule des Segelfluges

Der Segelflieger erlebt eine Welt, die noch vor wenigen Jahrzehnten unzugänglich war. Es ist das eine Welt natürlicher Dynamik, die sich dem am besten erschließt, der ihre spezifischen Gesetze am besten kennt, der ihren ganz sanften Kräften ebenso zu folgen vermag wie ihren ganz wilden und der sich mit jeder Faser verlokken läßt von ihrer großartigen und auch heute noch manchmal geheimnisvollen Schönheit.

Wer den Kräften dieser dynamischen Welt nachspüren und sich ihre Möglichkeiten nutzbar machen möchte, der muß die Grundschule des Fliegens, das rein Handwerkliche, bereits im Schlaf beherrschen. Das fliegerische Gefühl und die absolute Beherrschung der Maschine sind unbedingte Voraussetzung, bevor das geübt werden kann, was echter Leistungssegelflug an Wissen, Technik und Taktik voraussetzt. Letztlich erfolgreich ist jedoch nur, bei wem sich theoretisches Wissen und praktische Übung so paaren, daß von den während eines Fluges unablässig notwendigen Entscheidungen möglichst wenige falsch sind.

Nur, was bei den Rhönvätern den wenigen Meistern vorbehalten war, das ist heute weniger als das kleine Einmaleins. Wer heute auch nur die Grundschule erfolgreich abschließen und den Pilotenschein erwerben möchte, für den fängt die Lernerei erst so richtig an, wenn er sich schon längst sicher im Luftraum des heimatlichen Platzes bewegt.

Mindestens 60 Stunden Theorie aus den Bereichen Recht, Navigation, Meteorologie, Aerodynamik und Technik wollen ebenso verdaut werden wie die Stolpersteine im Sprechfunkverkehr. Erst wenn die theoretischen und praktischen Prüfungen im Fliegerischen und im Sprechfunk absolviert, mindestens 25 Stunden geflogen und ein Überlandflug von mindestens 50 Kilometer (1925 war das noch Weltrekord!) gelungen sind, gibt es als amtliches Abschlußzeugnis den offiziellen Pilotenschein.

Wenn einer nun glauben sollte, der neugebackene Pilot habe endlich ausgelernt – dann irrt sich der. Im Gegenteil, jetzt geht es eigentlich erst richtig los. Mit einem Unterschied allerdings: Die Herausforderung kommt nun nicht mehr von irgendeiner Prüfungsordnung, sondern vom Piloten an sich selbst, von der einsamen Weite des Himmels und von der Unerbittlichkeit der Uhr.

Auch wenn im Piloten keine Rekordambitionen stecken sollten, kaum einer schafft es, den Herausforderungen gegenüber standhaft zu bleiben. Sind erst die ersten zaghaften Überlandflüge gelungen, ist es zum Streckenfieber nur noch ein winziger Schritt. Streckenfliegen aber ist der Hochleistungssport der Wetterprofis und der Rechenkünstler. Wer hier mithalten will, für den hört das Lernen nicht auf, so lange er dem Abenteuer Streckenflug verfallen ist.

Grundvoraussetzung für jeden Leistungsflug ist das Wetter. Trifft man einen Spaziergänger, der seine Nase mehr am Himmel als sonst wo hat, kann man sicher sein, einen Segelflieger vor sich zu haben. Ständige Wetterbeobachtung und Vergleich der eigenen Einschätzung mit dem dann eintreffenden, tatsächlichen Verlauf bilden die Basis für das Erkennen einer guten Streckenwetterlage und die Voraussetzung für die richtige Verwertung der Wetterberatung durch die Flugwetterwarten.

Raffinierterweise gibt es **die** gute Streckenwetterlage nicht. Zum einen ist die »richtige« Wetterlage vom Flugvorhaben abhängig. Zielrückkehr- und Dreiecksflüge verlangen völlig andere Wetterbedingungen als freie Streckenflüge in irgendeine Richtung. Zum anderen ist optimales Streckenwetter nicht nur von der »richtigen« Verteilung von Gebieten hohen und tiefen Druckes abhängig. Dazu müssen viele Einzelfaktoren wie Feuchtigkeit, Temperaturverteilung (Gradient), Windgeschwindigkeit und Windrichtung in der richtigen Relation zu-

Ältere Maschinen haben nicht so schnell ausgedient. Noch heute fliegen einzelne aus den 30er Jahren.

einander stehen, damit der Pilot den Wettlauf mit der Zeit überhaupt gewinnen kann.

Bei aller Vielfalt lassen sich aber doch vier Großwetterlagen erkennen, die die Herzen der Segelflieger höher schlagen lassen. Drei davon eignen sich hervorragend zu größeren Streckenflugunternehmungen. Die erste charakteristische Wetterlage eröffnet die Saison der großen Strecken meist dann, wenn die Münchner noch über die Launen des Aprilwetters granteln. Ein Hoch mit Kern über dem nördlichen England und ein Tief mit Kern über der Ägäis steuern Polarluft aus Nordosteuropa mit erstaunlichen Geschwindigkeiten in südwestliche Richtung quer über den europäischen Kontinent. Während in Süddeutschland und vor allem im Stau der Alpen die letzten Schneeschauer fallen, bilden sich weiter nördlich ganze Wolkenstraßen mit Labilität bis 2000 m über Grund. Hans Werner Grosse verdankt dieser Wetterlage seine beiden Rekordflüge von Lübeck aus: am 25.4.1972 freier Streckenflug über 1460 km und am 16.4.1974 Zielflug über 1230 km. Theoretisch wäre es mit Einstieg in die Hohen Wellen des Mistrals möglich, diese Marken noch hinauszuschieben!

Die »Werktagswetterlage« für den Streckenflieger stellt sich ein, wenn ein Tief mit Kern über Nordengland eine Kaltfront über Mitteleuropa hinweggesteuert hat. Durch die Zufuhr frischer Kaltluft aus polaren Breiten ist für entsprechende Labilität gesorgt. Sind mit steigendem Druck erst einmal die letzten Schauer aufgeräumt und haben sich die manchmal noch etwas frischen Winde beruhigt, läßt der Zwischenhocheinfluß Ziel- und Zielrückkehrflüge zu. Folgt nicht nur ein kleines Zwischenhoch, sondern (selten genug) ein Ausläufer des Azorenhochs, werden Dreiecksflüge erfolgsversprechend.

Die eigentliche Hammerwetterlage, wie geschaffen für große und größte Dreiecksflüge, wäre eigentlich ein zentrales Hoch mit Kern über Mitteleuropa. Ja, sie wäre es, wenn... Nämlich dann, wenn auch alle anderen Ingredienzien stimmen würden. Aber gerade daran hapert's gewaltig. Im Frühjahr, wenn die Luft noch lebendig und nicht überheizt ist, kommt diese Wetterlage

Links: Segelflug ist nicht nur Sport an den Wolken.
Folgende Doppelseite: Eine DG 100 und eine P4 probieren, wer besser steigt.

sehr selten vor. Je später es aber im Jahr wird, desto zahmer wird die Thermik, desto schwächer ausgebildet sind die Cumuli und desto dichter wird der Dunst. Je länger diese Lage anhält, desto mächtiger wird die Bodeninversion, deren Aufheizung den Beginn des Thermiktages immer weiter hinauszögert. Das ganze gipfelt schließlich in strahlend blauen Tagen – im Sommer ideal fürs Baden, im Herbst ideal fürs Wandern, fürs Streckenfliegen nur leider unbrauchbar.

Auch die vierte Großwetterlage ist für weite Streckenflüge nicht so recht geeignet – oder besser: noch nicht so recht genutzt. Sie elektrisiert bis jetzt nur Höhenaspiranten von Flensburg bis Berchtesgaden. Föhn heißt das Zauberwort für den Wunderwind, der die Menschen in die Lager der Föhngeschädigten und Föhnbeglückten teilt, beiden Lagern aber die Möglichkeit des Vordringens bis an den Rand der Stratosphäre bietet. Er wird gesteuert von einem Tief über der Biscaya, das als Gegenpol ein Hoch über Osteuropa hat. Bei entsprechenden Druckunterschieden (am häufigsten Anfang November) ergeben sich Windgeschwindigkeiten, die in den Kammlagen der Alpen wohl Sturmstärke erreichen, dafür aber auch bis in höchste Höhen hinauf herrliche Leewellen entstehen lassen.

Daß mit relativ einfach erreichbaren Ausgangshöhen von 7000 bis 8000 m auch größere Streckenunternehmungen möglich wären, liegt eigentlich auf der Hand. Da ein Fliegen von Welle zu Welle natürlich völlig neue Probleme stellt, eine völlig neue Flugtaktik verlangt und bei den in diesen Höhen herrschenden Temperaturen zwischen $-20°$ und $-40°$ C auch nicht jedermanns Sache ist, sind entsprechende Versuche noch im Anfangsstadium. Das heißt aber nicht, daß Föhn für den Streckenflug nicht doch noch sehr interessant werden könnte.

Zeichnet sich nun eine für einen größeren Streckenflug brauchbare Wetterlage ab, und hat ein Kontrollanruf bei der zuständigen Flugwetterberatungsstelle ergeben, daß entsprechende Labilität vorhanden ist und sich mögliche Störeinflüsse in Grenzen halten, dann beginnt für den Piloten erst die eigentliche Vorbereitungsarbeit. Sie muß allein schon wegen der Vielzahl der zu berücksichtigenden Einflüsse bereits am Tag vor dem Flug erledigt werden. Am Morgen des Flugtages sind lediglich noch die aktuellen meteorologischen Daten einzuarbeiten.

Was aber gibt es da schon alles zu berücksichtigen? Muß man nicht einfach den dicksten Wolken nachfliegen? Von Professor Georgii schon stammt die Formel von der »Meteorologischen Navigation«. Gemeint war schon damals die Tatsache, daß Wettergeschehen und Landschaft nie getrennt gesehen werden können und dürfen. Konkret bedeutet das: die Wetterentwicklung als Ergebnis der gegenseitigen Beeinflussung von Luftmassen und ihren Druck-, Temperatur- und Windverhältnissen muß in Abhängigkeit zur Landschaft und ihrer Einflußnahme auf das örtliche Wetter gesehen werden.

Die landschaftsbedingten Wetterbeeinflussungen machen sich hauptsächlich bemerkbar bei Lage, Stärke und Dauer der Thermik. Entsprechend beeinflußt werden Stärke und Umfang der thermisch bedingten Bewölkung. Unter Berücksichtigung dieser und auch noch weiterer Einflüsse hat der Deutsche Wetterdienst den Luftraum über der Bundesrepublik bereits in landschaftsspezifische Wetterräume eingeteilt. Die nach diesem GAFOR-System gegliederte, schon recht genaue Wetterbeurteilung ist telefonisch abrufbar. Sie muß nun aber durch die Erfahrung des Piloten für die jeweils herrschende Grundwetterlage ergänzt werden. Erst aus der Gesamtheit aller Werte und der Summe möglichst vieler Erfahrungen kann dann die ideale Streckenführung abgeleitet werden.

Zu welch entscheidenden Unterschieden gute und schlechte meteorologische Flugvorbereitungen in gleicher Luftmasse und gleichem Raum führen können, zeigt ein Bericht von Ingo Andresen über zwei Flüge, die am selben Tag von ihm und einem Klubkameraden als Dreiecksflüge um Frankfurt herum durchgeführt wurden, mehr als deutlich: »Bestärkt durch meine Prognose, daß die meteorologische Gesamtlage nur Dreiecksflüge in nördlicher Richtung zulassen werde, entschloß sich mein Vereinskamerad (in Folge GZ genannt), es erstmals mit einem Dreieck um Frankfurt herum zu versuchen. (Alle Norddreiecke müssen von Mannheim aus um Frankfurt herum geführt werden.) Im Winter hatte er bereits das Dreieck Mannheim–Koblenz/Winningen–Alsfeld–Heilbronn–Mannheim ausgearbeitet. Ein 500-km-Dreieck, bei dem, wie bei allen unseren Nordstrecken, auf dem Schenkel gestartet wird. Ermutigt durch den für Rheinebenenverhältnisse frühen Thermikbeginn von 9 Uhr entschloß ich mich trotz der nicht überragenden Gesamtwetterlage für das 758-km-Dreieck Mannheim – Schwabach/Nürnberg – Alsfeld – Saarburg – Mannheim. Hinweise meinerseits, daß das 500-km-Dreieck, obgleich fast vollständig innerhalb meiner Dreieckstrecke gelegen, sicher nicht zum Erfolg führen werde, da es dem Einfluß der Landschaft auf das tageszeitliche Wettergeschehen keine Rechnung trage, wurde von meinem Vereinskameraden ignoriert.

Die Wetterlage zeichnete sich durch ein für gutes Strekkenwetter etwas zu niedriges Druckniveau und einen schwachen horizontalen Druckgradienten aus. Im Verlaufe des Tages mußte mit einem leichten Druckabfall gerechnet werden. Gegen Nachmittag waren von Osten feuchtere Luftmassen zu erwarten. Der Temp wies bis zu einer schwach ausgebildeten Inversion in 6000 ft einen Temperaturgradienten von 0,7°/100 m auf. Eine für nomale Verhältnisse ausreichende Taupunktdifferenz war gegeben.

Nach dem Start konnte ich durch den ersten und oftmals einzigen Aufwind nördlich von Mannheim sofort Anschluß an den Odenwald gewinnen. Bei leichtem Gegenwind bildeten sich die von mir erhofften Aufreihungen auf Kurs in Richtung Nürnberg aus und ermöglichten mir bei einer Gesamtbewölkung von ca. 2 bis 3/8 Cu und einer Basis von 1000 m ein gutes Vorwärtskommen.

Als ich Schwabach erreicht hatte (150 km), meldete GZ gerade das Passieren von Bad Kreuznach (70 km). Schwache Thermik, zum Teil ohne Bewölkung, hatten ihm in dem nördlichen Rheingraben das Leben schwer gemacht. Dieser Teil der Rheinebene zeichnet sich durch geringere Aufwindstärke und schwächere Bewölkung aus. Der Anschluß an die Berglandschaft längs des Rheines nördlich Rüdesheim brachte ihm eine herbe Enttäuschung. Trotz höherem Untergrund blieb die Basis auf dem gleichen Niveau. Ansonsten konnte er über Bewölkung und Thermik nicht klagen. Kurz vor Koblenz verdichtete sich jedoch die Bewölkung auf fast 8/8.

Pilotenglück im Banne der Bernina. Bellavista, Bianco Grat mit Bernina und Piz Roseg geben sich die Ehre.

Nicht umsonst ist der Koblenzer Raum in der GAFOR-Gebietsaufteilung als gesonderte Wetterregion verzeichnet. (Neuwieder Becken.) Zudem erreichte GZ diese als feucht zu klassifizierende Region zu einer sehr ungünstigen Tageszeit. Erfahrungsgemäß wird gegen 11 Uhr das Tagesmaximum der Bewölkung erreicht. Zu diesem Zeitpunkt eine Gegend mit größerer Feuchte anzufliegen, ist nur bei großen Taupunktdifferenzen empfehlenswert. Der Wetterbericht verhieß aber nichts dergleichen. Was morgens vor dem Start noch sehr theoretisch klang – Koblenz ist gegen 11 Uhr nicht empfehlenswert – kostete nun GZ eine Stunde Aufenthalt.

Mittlerweile war auf meinem Kurs die Basis auf 1500 m angestiegen. Infolge der Vergrößerung des Konvektionsraumes nahm die Windgeschwindigkeit ab, so daß ich auf meinem zweiten Schenkel keine Wolkenstraßen quer zum Kurs vorfand, sondern gleichmäßig verteilte Thermik. Das 11 Uhr Bewölkungsmaximum wurde durch das trockenere Mittelfranken ausgeglichen. Zur Mittagszeit flog ich bei normaler Konvektionsbewölkung durch Mainfranken und erreichte gegen 12^{30} Uhr bei Lohr am Main den Spessart.

Inzwischen war GZ dem Neuwieder Becken entronnen. Seine Freude über lockere Bewölkung und gutes Steigen (Westerwald) war jedoch nur von kurzer Dauer. Ab Limburg a.d. Lahn löste sich in Kursrichtung die Bewölkung auf, die Thermik ließ nach und war nur noch schwer auffindbar. Der nachmittägliche Bewölkungsrückgang hatte in Verbindung mit dem als trocken zu klassifizierenden Bereich nördlich des Taunus ein blaues Loch zwischen Limburg und Gießen produziert. Der Blauthermik überdrüssig, wich GZ schließlich weit nördlich von seinem Kurs in das Siegerland aus, um sich dort bei 2/8 und guter Thermik zu erholen.

Unterdessen hatte ich bei zunehmender Bewölkung und sehr guter Thermik den Spessart überquert (man beachte die Parallele zum Siegerland). In der Höhe von Bad Orb änderte sich das Bild aber sehr schnell. Hier differenziert das GAFOR-Schema für unsere Zwecke zu wenig. Der Landstreifen zwischen Bad Orb und Alsfeld nimmt im Bereich des Vogelsberges eine Sonderstellung ein. Er stellt den einzigen Flecken nördlich der Donau und südlich von Münster dar, der stets mit stärkerer Bewölkung aufwartet. Bei jedem meiner zehn Flüge

durch diesen Bereich habe ich eine Verdoppelung der Bewölkung feststellen müssen. Diese Erfahrung war für mich Hauptanlaß, mein Dreieck nicht im Uhrzeigersinn, sondern entgegen der antizyklonalen Drehung zu fliegen. Wie ich anfangs ausgeführt habe, rechnete ich gegen Nachmittag mit einer feuchteren Luftmasse aus Ost. Zudem fiel der Druck. Das Druckniveau war ohnehin nicht sehr hoch. Der Abbau der nicht sehr starken Inversion durch Druckabfall ließ zusammen mit der aus Osten zu erwartenden feuchten Luftmasse in diesem zu Bewölkungsverdichtung neigenden Gebiet größere Schwierigkeiten erwarten. Eine frühe Passage war deshalb geboten. Zu früh durfte sie allerdings auch nicht erfolgen, da sonst die Gefahr bestand, in das 11 Uhr Bewölkungsmaximum zu geraten. Die etwas nach Osten verlegte Wende sollte diesen Überlegungen Rechnung tragen. Es war bereits »5 vor 12«, als ich diesen Problemabschnitt meiner Strecke erreichte. Absinkende Basis und 7/8 des Gebietes bedeckende Cu-Congesti ließen mir keine andere Wahl als, sobald der Verlauf des VFR-Beschränkungsgebietes Frankfurt es zuließ, in die thermikschwache, aber dafür auch trockenere Wetterau auszuweichen. Mit mickriger, durch vereinzelte Wolkenfetzen gekennzeichneter Thermik, gelang mir bei einer auf 800 m abgesunkenen Basis der Durchbruch nach Norden. Kurz vor Alsfeld stellten sich wieder 1400 m Basis und mittelmäßiges Steigen ein, das allerdings bei der zerfaserten 5/8 Bewölkung nicht immer leicht aufzufinden war. Eine Stunde hatten mich die Eigenarten des Vogelsberges gekostet. In Richtung Gießen lichtete sich schließlich die Bewölkung wieder. Die Zeit des Thermikmaximums bescherte mir dann bis Gießen wieder beste Aufwinde bei 3/8 Cu. In dem vormals blauen Loch zwischen Gießen und Limburg hatten sich wohl mit Unterstützung des fallenden Luftdruckes kleine Tupfer gebildet, die mir sicher den Weg von Aufwind zu Aufwind wiesen. Nördlich von Wiesbaden traf ich anschließend über dem Taunusrücken auf prächtige Aufwinde und 2/8 Cu. Um 16 Uhr überquerte ich den Rhein bei Rüdesheim.

Zu diesem Zeitpunkt meldete GZ, daß er Alsfeld umrundet habe, am Vogelsberg aber Cumulonimben jedes Vorwärtskommen blockieren würden. Der Einschub

Die Hohen Tauern sind ein ganz besonderes Paradies für die Segelflieger.

feuchter Luftmassen sorgte zusätzlich mit Wolkenfeldern dafür, daß aus einem Kampf um die Strecke ein Kampf um das Obenbleiben wurde. Mit Hartnäckigkeit und großem Geschick schaffte GZ schließlich den Anschluß an den Spessart. Den Weiterflug zum letzten Wendepunkt hatte GZ aus Zeitgründen längst aufgeben müssen. Nachlassende Thermik besiegelte sein Schicksal 40 km vor Mannheim.

Indes erreichte ich mit schwächer werdenden Aufwinden und 1/8 Cu (Hunsrück) um 17^{20} Uhr die letzte Wende an der Saar. Im Saargebiet signalisierten große Abstände zwischen zerfaserten Cumuli ein Nachlassen der Sonneneinstrahlung. Kurz vor St. Wendel löste sich die letzte Wolke auf. Nördlich von Neuenkirchen überwinterte ich über einem Schlot bis zum Einsetzen der Umkehrthermik. Den Rest der Strecke legte ich bei wieder auflebender Bewölkung, über breiten bewaldeten Talmulden, ohne weiteres Kreisen zurück. Ankunft in Mannheim 19 Uhr.«

Deutlicher als jede theoretische Abhandlung zeigt die Schilderung der beiden Flüge, daß Flugplanung eben nicht nur Stricheziehen in einer Karte, Vermessen von Schenkellängen oder das Übernehmen einer schon häufiger geflogenen »Rennstrecke« sein darf. Ohne Berücksichtigung der topographischen Einflußnahme auf das Wetter bliebe das Ergebnis solcher »Planung« ein Zufallsprodukt oder häufiger – eben ein Mißerfolg.

Sind alle meteorologischen und topographischen Aus- und Wechselwirkungen berücksichtigt, steht die Strecke noch keineswegs. Jetzt muß erst noch überprüft werden, ob die Strecke unter Berücksichtigung der Vorschriften überhaupt fliegbar ist, ob und wie eventuellen Beschränkungsgebieten, Kontrollzonen u.ä. ausgewichen werden kann.

Dann die Frage der Außenlandemöglichkeiten: Hier geht es nicht nur um Sicherheit, hier geht es auch um Leistungsmöglichkeit. Je weiter die Landemöglichkeiten auseinander liegen, desto schlechter kann die Basishöhe genutzt werden, desto früher muß wieder nach neuer Thermik gesucht werden, soll der Flug im sicheren Bereich bleiben und nicht zum Hasardspiel werden.

Mit der Ka 7 im Hangflug an steilem Gletscherhang. Folgende Doppelseite: Ein »Diamant« beim Eisklettern – allerdings ohne Pickel, Seil und Haken.

Ja und dann der sportliche Aspekt: Soll ein Dreiecksflug die optimale Punktezahl erhalten, darf keiner der drei Schenkel kleiner als 28% der Gesamtstrecke sein. Die Wendepunkte müssen aus einem 90°-Winkel von außerhalb des Dreiecks photographierbar und auf dem Photo exakt definierbar sein. Natürlich sollten diese Wendepunkte dann auch noch in einem thermisch brauchbaren Gebiet sein, damit die Umrundung nicht auch noch Probleme des Obenbleibens mit sich bringt.

Hat der Pilot nun auch noch das Glück, daß das Wetter wirklich so wird, wie es die Meteorologen und er selbst es eingeschätzt hatten, kann es an die Verwirklichung der großen Pläne gehen. Naturgemäß liegen sie bei jedem vom Streckenfieber befallenen Piloten an der Grenze dessen, was geschätztes Wetter, persönliches Können und geflogene Maschine im besten Fall ermöglichen.

Die Aufgabe heißt also in jedem Fall eine Optimierung der Gleitstrecke, weil ja nur dort und nicht im Kreisflug Strecke überwunden wird. Das Problem lautet also für den Piloten, wie überwinde ich die gegebene Strecke am schnellsten, um die Aufgabe in der gegebenen Zeit (nämlich die Dauer der Thermik) überhaupt erfüllen zu können.

Bekannt sind dem Piloten zur Lösung seiner Aufgabe die Sink- und Gleitdaten seiner Maschine bezogen auf die jeweils geflogene Geschwindigkeit. Er weiß, daß langsameres Fliegen geringeren, schnelleres Fliegen größeren Höhenverlust bedeutet. Je schneller er vorankommen möchte, desto schneller schwindet seine mühsam gewonnene Höhe dahin – es sei denn, entsprechendes Steigen macht den Höhenverlust möglichst kurzfristig wieder wett.

Oder aus der Sicht des Piloten: Je stärker die Thermik, je kräftiger und dichter die Aufwinde sind, desto stärker kann Höhe in Schnelligkeit umgesetzt werden. Wieder stellt sich damit dem Piloten das Problem, Wettererscheinungen (hier also Sink- und Gleiteigenschaften der Maschine) optimal in Beziehung zu bringen.

13

13
-893

Weil das Flugzeug erstes Maß aller Dinge ist, zunächst zu ihm: Ausgangspunkt aller Fragen nach den Leistungsmöglichkeiten eines Segelflugzeuges ist eine schon von Otto Lilienthal verwendete einfache Kurve, Polare genannt. Sie steht in einem Diagramm, in dem waagerecht die Geschwindigkeit in Kilometer pro Stunde und senkrecht nach unten die Sinkgeschwindigkeit in Meter pro Sekunde eingetragen sind. Zwei gegebene Größen lassen sich direkt aus der Kurve ablesen: Die waagerechte Tangente an dem höchsten Punkt zeigt die Geschwindigkeit, bei der das Flugzeug den geringsten Höhenverlust hat. Die Tangente vom Nullpunkt an die Polare zeigt in ihrem Berührungspunkt die Geschwindigkeit, bei der die Maschine am besten gleitet. Auch für alle übrigen Geschwindigkeiten sind die dazugehörigen Sinkgeschwindigkeiten über die Polare direkt ablesbar.

Für eine ASW 15 lassen sich aus der entsprechenden Polare zum Beispiel folgende Werte ablesen: Geringstes Sinken 0,58 m/s bei 73 km/h; Bestes Gleiten 23,611 m/s bei 85 km/h, woraus sich die beste Gleitzahl mit 38 errechnen läßt. Das bedeutet, daß die Maschine bei einer Fluggeschwindigkeit von 85 km/h und Windstille aus 1000 m Höhe ohne Aufwind 38 Kilometer weit gleiten kann. Jede andere Fluggeschwindigkeit aber ergibt eine kürzere Flugstrecke. Auch langsameres Fliegen verkürzt die fliegbare Strecke. Würde die Maschine z.B. mit der Fahrt des Geringsten Sinkens, also 12 km/h langsamer geflogen, würde der Vogel zwar länger in der Luft bleiben, bei einer Gleitzahl von nur 35 auf 1000 m Höhe aber 3 Kilometer weniger weit fliegen. Entsprechendes gilt verstärkt für die höheren Geschwindigkeitswerte.

Damit es dem Piloten nun aber nicht zu einfach wird, hat die Polare in bezug auf das Koordinatensystem geradezu ein Wanderbedürfnis. Ihre ursprüngliche Lage gilt nur für ruhende Luft. Kommt eine horizontale (Rükken- oder Gegenwind) oder eine vertikale (Auf- oder Abwind) Luftbewegung dazu, verändert sich die Lage der Polare innerhalb des Koordinatensystems entsprechend – und entsprechend ändern sich natürlich auch die durch die Tangenten bestimmten Werte.

Natürlich kann kein Pilot all die verschiedenen Werte während des Fluges immer neu herleiten. Die für ihn wichtigsten Beziehungen, nämlich die auf vertikale Luftbewegung bezogenen Werte, sind deshalb auf einen um das Variometer drehbar eingebauten Ring geschrieben. Nach seinem Erfinder heißt er McGready-Ring oder auch Sollfahrt-Ring.

In der Nullstellung zeigt dieser Ring für jede Vertikalbewegung des Flugzeuges über die Variometeranzeige die dazu passende Sollfahrt. Damit ist dem Piloten die Möglichkeit gegeben, die im Steigen gewonnene Höhe unter Berücksichtigung der Vertikalbewegungen der Luft auf seinem Gleitweg in eine möglichst große Strecke umzusetzen. Nicht berücksichtigt ist dabei dann allerdings, wie schnell das Flugzeug nach dem Gleitflug wieder steigt. Bekanntlich wird jeder Streckenflug außer von der Gleitfluggeschwindigkeit zwischen den Aufwinden mindestens genauso von der Steiggeschwindigkeit bestimmt. Es leuchtet jedem ein, daß ein durchschnittliches Steigen von 3 m/s zu einer weiteren Strecke führt als ein mittleres Steigen von lediglich 1 m/s.

Um die unterschiedlichen Steiggeschwindigkeiten in die Gleitfluggeschwindigkeiten einzubringen, ist der Sollfahrtring drehbar eingebaut. Er kann mit seiner Nullmarke so stets dem durchschnittlichen Steigen angepaßt werden. Stellt man seine Nullmarke auf die Marke für 2 m/s Steigen am Variometer, hat das die gleiche Bedeutung, wie wenn man Polare und Koordinatenkreuz um diesen Wert verschieben würde. Für die Sollfahrt bedeutet das dann zwar für jede Variometeranzeige eine höhere Fluggeschwindigkeit und damit geringere Gleitzahlen. Aufgewogen wird das in dem Moment, wo das erwartete Steigen von 2 m/s eintrifft. Unter dem Strich bleibt das Ergebnis eine höhere Reisegeschwindigkeit.

Das Entscheidende beim Streckenfliegen nach dieser Grundregel – die Segelflieger nennen sie die Sollfahrtregel – ist, ob der Pilot richtig vorausschätzt, wie stark die Aufwinde in dem vor ihm liegenden Streckenabschnitt sein und in welchen Abständen sie auftreten werden. Die Entscheidung, welche »Eingabe« für das Fliegen nach der Sollfahrtregel verwendet wird, ist damit ein Kalkulieren mit mehreren Unbekannten. Man könnte auch sagen: Eigentlich müßte der Segelflieger hellsehen können.

Eine ASW 15 auf Erkundungsflug über den Schweizer Alpen.

30
HB-1000

Um wirklich optimal zu fliegen, müßte er mindestens zwei Komponenten im voraus exakt wissen: Die Stärke des zu erwartenden mittleren Steigens und dessen Entfernung vom jetzigen Standort. »Mittleres Steigen« bedeutet in diesem Zusammenhang die Resultierende aus dem Zeitaufwand für einen bestimmten Höhengewinn. Für einen durchstiegenen Aufwind läßt es sich folglich leicht feststellen: Von dem Zeitpunkt an, an dem nicht mehr in Streckenrichtung geflogen, sondern kreisend nach Aufwind gesucht wird, läuft die Stoppuhr. Sie wird erst angehalten, wenn das Flugzeug wieder in Flugrichtung gleitet. Die erreichte Höhendifferenz dividiert durch die benötigte Zeit ergibt jetzt das erflogene Mittlere Steigen, eines der Hauptwerte für die Sollfahrt.

Nur ist dieser Wert eben nur ein Wert aus der Vergangenheit. Ob er auch 10 Kilometer weiter noch genauso gilt, ist nicht ohne weiteres vorhersehbar. Stellt der Pilot etwa im letzten Steigen fest, daß der Bart zwei Meter Steigen bringt, im Kern aber noch einen Meter mehr hat, lautet für ihn die Frage: Hat auch der nächste Bart diesen Kern und ist er dort vielleicht ausfliegbar? Hier kann ihm nur seine Erfahrung helfen, den richtigen Wert vorauszuschätzen. An der Schätzung selbst aber führt kein Weg vorbei.

Nicht minder knifflig ist es häufig, richtig abzuschätzen, in welcher Entfernung der nächste Aufwind wartet. Dazu ein einfaches Beispiel: Bei einer möglichen Flughöhe von 1500 m und einer festgestellten, sicheren Einstiegshöhe in die Thermik von 500 m über Grund beträgt die Aktionshöhe 1000 Meter. Wird nur der beste Gleitwinkel ausgenutzt, reichen diese 1000 Höhenmeter für 38 Kilometer. Soll dagegen schneller geflogen werden, sieht das gleich ganz anders aus. Wird entsprechend einem erwarteten Steigen von 2 m/s mit rund 120 km/h geflogen, reichen dieselben 1000 Höhenmeter nur noch 16,6 Kilometer weit. Die Strecke, auf der Aufwind gefunden werden muß, halbiert sich also bereits.

Welche durchschnittliche Fluggeschwindigkeit unterm Strich erreicht werden kann, hängt demnach entscheidend von der richtigen Kombination des geschätzten, Mittleren Steigens mit der ebenfalls nur schätzbaren Entfernung zum nächsten Bart ab. Allerdings stimmt das nur, solange das Steigen über die Höhe auch gleichmäßig verteilt ist. Leider ist aber gerade das selten der Fall. Meist ist es genau umgekehrt. Entweder nimmt der Aufwind mit der Höhe zu (= bei mit der Höhe zunehmender Labilität) oder er wird mit wachsender Höhe geringer und enger (= bei mit der Höhe abnehmender Labilität).

Um seine Geschwindigkeit zu steigern, muß sich daher der Pilot den Bereich des besten, Mittleren Steigens erfliegen und bezogen auf diese Aktionshöhe seine Sollfahrt kalkulieren. An einem Tag mit nach oben hin zunehmender Labilität kann das bedeuten: möglichst im Einzugsbereich der Wolken zu bleiben. An einem Tag mit nach oben hin abnehmender Labilität kann das bedeuten: ein Überfliegen einer bestimmten Höhe ist wenig sinnvoll, weil das Ausnutzen der nur noch schwachen Thermik zuviel Zeit und damit Strecke kostet.

Und dann ist da noch die Frage, wie lange eigentlich gekreist werden muß. Die Antwort – solange bis ausreichend Höhe zum Anfliegen des nächsten Aufwindes vorhanden ist – läßt Entscheidendes außer acht: die Verteilung von starkem Aufwind, schwachem Aufwind, ruhiger Luft und mehr oder weniger starkem Fallen. Wenn an besonders guten Tagen die Aufwinde »dick gesät« oder sogar aneinandergereiht sind, dann lohnt es sich nicht, kreisend Höhe zu gewinnen; dann lohnt es sich besser, es den Delphinen nachzumachen.

Delphinflug ist das Zauberwort für den möglichst kreislosen Streckenflug entlang gereihter Aufwinde. Im Flachland können dafür gereihte Bärte oder Wolkenstraßen dienen. Im Gebirge sorgen die Bergketten für eine entsprechende Reihung. Die beste Nutzung solcher Aufwindstraßen geschieht im Geradeausflug nach der Grundregel: im Steigen langsam, in ruhiger Luft oder im Fallen schneller. Wie schnell zwischen den Aufwinden geflogen werden kann, ist am Ergebnis ablesbar: Verliert die Maschine mit der Zeit an Höhe, muß entweder zwischen den Bärten langsamer geflogen oder ab und zu gekreist werden. Nimmt die Höhe dagegen noch zu, kann das Tempo zwischen den Aufwinden noch beschleunigt werden.

Von einem ganz besonders prägnanten Beispiel für

Ein Phöbus überm Nordgrat des Großglockners, dessen Gipfelschatten sich im Hintergrund abzeichnet.

Delphinflug im Flachland berichtet Hans Werner Grosse in seinem Protokoll eines 827 Kilometer Dreiecksfluges am 12. Mai 1973: »Start um 7 Uhr 45, Ausklinken in 1000 m über Grambeck bei Mölln. Basis 480 m, sie hebt schnell auf 700 m an. Die niedrige Basis bringt geringe Thermikabstände mit sich und mir die Möglichkeit, fast ohne Kreisen, nur durch Fahrtvariation geradeaus zu fliegen. So erreichte ich trotz Steigens unter 1 m/sec Durchschnittsgeschwindigkeiten von mehr als 90 km/h.« Hätte Hans Werner Grosse den Flug mit Steigen im Kreisflug beginnen wollen, hätte er für 90 Kilometer mindestens 2500 m benötigt. Sie im Kreisflug mit einem Steigen von nur 1 m/sec zu erklimmen, hätte ihn alleine 42 Minuten gekostet. Um in den verbleibenden 18 Minuten noch 90 Kilometer weit zu kommen, hätte er mit 300 km/h fliegen müssen. Dafür aber hätten die 2500 Höhenmeter wieder nicht gereicht...

Ein nicht weniger eindrucksvolles Beispiel liefert Jochen von Kalckreuth im Bericht über einen Zielrückkehr-Flug von Aigen im Ennstal nach St. Moritz im Oberengadin:
»Die erste Thermik über den Waldrücken im Norden ist zögernd, denn die Hänge sind noch feucht von der langen Störung. Erst um 9 Uhr 40 wird es sprunghaft besser. 10 Minuten danach verlasse ich den Platzbereich und schwebe am Kalk entlang zum Dachstein. Jede Wand ist tragend, da zählt die Flughöhe nicht. Eine halbe Stunde später zeigt mir der Rossbrand über Radstadt, daß er dem Kalk kaum nachsteht. Nach genau einer Stunde bin ich über Zell, 105 km westlich.

Die S.H.K. springt durch die Bärte und der lange Pinzgaurücken ist mir noch nie so schnell erschienen. Ich sehe nicht links noch rechts. Vor mir die Stoppuhr, darunter der Zeitplan. Mehr interessiert mich nicht.
Um 10 vor Zwölf fliege ich über die Brennerstraße in die Stubaier. Die Basis liegt bei 3000 m und diesmal gibt es hier endlich einmal soviel Sonne, wie ich brauche.

Eine Stunde später gleite ich über den Reschenpaß. Das Unterengadin strahlt und flimmert im Mittagslicht. Wolkenzüge stehen auf Westkurs und halten die S.H.K. in großer Höhe. Am Piz Lischanna kreist ein Phoebus an der Wand. Ich gleite durch den Bart und winke ihm zu, geradewegs abzufliegen. Hinter dem Nunasattel springe ich ins Oberengadin und gehe an die Basis zurück. Der Wille zum kreislosen Fliegen, hier in den Nordalpen ist es der Schlüssel zum Erfolg.

Links: Hochgebirge aus Pilotensicht. Die untergehende Sonne zaubert eine magische Welt.
Folgende Doppelseite: Eine P 4 über feindlichem Untergrund, aber in faszinierender Umgebung.

Um viertel Zwei hole ich mir am Muottas die Wendehöhe. Ich muß aufpassen! Vom Berninapaß und westlich aus dem Bergell dringt dunstige Luft in das Hochtal und Cirrenschirme treiben aus Südwest auf mich zu. 500 Meter über dem Berg gehe ich über den See nach St. Moritz und muß den gleichen Weg zurück, bevor wieder Steigen kommt. Doch auf dem Wasser liegt ein kräftiges Wellenmuster und der Malojawind ist verläßlich. Ich weiß, daß der Hangwind von unten trägt.

Um 13 Uhr 35 mache ich mich auf den Rückflug. Das Engadin liegt schon bis Zernez im fahlen Cirrenlicht, doch die Felsen tragen alle. Am Quatter Vals ist die Basis in 3000 m. Erst 10 km östlich von Nuda sticht die Sonne wieder in die Hänge. Ich reite an den Graten bis zum Lischanna und komme mit wenigen Kreisen an den Kaunergrat. Kurz vor Drei habe ich das Sellraintal links unter den Flächen. Das Wetterbild voraus über den Tuxern und Zillertalern ist phantastisch. Blendend helle, scharf umrissene Wolken reichen soweit wie der Blick.

Um halb Vier segle ich über den Zillergrund an die Reichenspitze. Der Gerlos bleibt im Norden zurück. Die Hohen Tauern tragen mit 3–5 m/s und der Flug wird völlig mühelos. Um Vier ist Zell passiert und vor mir warten die Niederen Tauern. Ganz vorn über den Ausgängen der langen Quertäler stehen die stärksten Bärte. Schließlich gehe ich vor Schladming noch einmal bis zur Basis in 2400 m über dem Aigener Platz und gleite mit hoher Fahrt ins Ziel. Punkt Fünf stehe ich im Gras. Bevor ich die Haube abhebe, errechne ich mir den Schnitt. Ich komme auf 97 km/h und habe den Zeitplan um 35 Minuten unterflogen.«

Macht die Thermik – und das Können des Piloten – mit, sind so Flüge möglich, für die man sonst schon eine recht gute Motormaschine braucht. – Beweis für die gewaltigen Naturkräfte, die hier in die Atmosphäre wirbeln!

Die Welt der Leistung

Da erhob sich der Sohn des Telamon, Aias, der große,
Auch Odysseus stand auf, der vielerfahrene, schlaue,
Und gegürtet schritten sie beide mitten ins Kampffeld.
Fest umschlangen sie sich mit Armen und wuchtigen Händen,
Wie die Sparren am Dach der kundige Zimmermann einfügt,
Um ein ragendes Haus vorm Toben des Windes zu schützen.
Und ihre Rücken knackten vom Druck der trotzigen Hände,
Eng gepreßt, es perlte der Schweiß den beiden zu Boden.
Viele Striemen sah man da an Seiten und Schultern,
Dunkelgerötet von Blut; und dennoch trachteten beide
Immerfort, im Sieg zu erringen den künstlichen Dreifuß.
Weder Odysseus vermochte den Gegner niederzuringen,
Noch gelang es dem Aias, denn kräftig hielt sich Odysseus.

Nun versuchte der hehre Odysseus den Gegner zu lüpfen,
Konnte es aber nicht und hob ihn nur wenig vom Boden,
Stellte ihm aber ein Bein, da stürzten beide zur Erde,
Dicht aneinander, und beide bedeckte ein staubiger Wirbel.
Aufgesprungen, hätten sie wohl zum dritten gerungen,
Hätte sich nicht Achilleus mit hemmenden Worten erhoben:
»Geht nicht weiter drauflos und laßt die quälende Plage!
Beide haben gesiegt; so geht auch beide mit gleichen
Preisen davon, daß andre Achaier schreiten zum Wettkampf.« HOMER

Zielüberflug eines Nimbus bei der Weltmeisterschaft in Châteauroux. Moderner Leistungsflug ist Kampf mit dem Element, gegen die Konkurrenten und um Sekunden.

47
I-NEVI

Der Kampf gegen die Uhr

Sportliche Leistung hieß eigentlich immer schon Kampf. Ganz am Anfang war es der mit der Natur und ihren Elementen, dann der mit dem Rivalen, den es zu besiegen galt. Ob der Sieg mit großem oder geringem Einsatz erzielt wurde, war dabei gleichgültig. Unserer Zeit blieb es vorbehalten, die »Leistung« in den Vordergrund zu stellen, Maßband und Stoppuhr zum Schiedsrichter zu machen, die Ergebnisse vergleichbar zu machen und die höchste Leistung mit dem Sieg gleichzusetzen – auch wenn nicht selten die Leistungssteigerung eigentlich nur das Ergebnis technischer Verbesserung war.

In seiner 60jährigen Geschichte hat der Segelflug all diese Entwicklungsstufen nachvollzogen. Galt es am Anfang, den Kampf mit dem luftigen Element oder der dritten Dimension zu bestehen (Sieger war, wer oben blieb!), so ergab sich doch bald die Notwendigkeit feinerer Differenzierung. Jetzt wurde Sieger, wer am längsten oben blieb, wer als erster eine bestimmte Höhe über Start erreichte, wer als erster von einem Hang zum anderen flog oder als erster zu einem Punkt und wieder zurück fliegen konnte.

Dieser Wettkampfphase »einer gegen alle übrigen« folgte wieder ein Abschnitt »alle gegen das Element«. Jetzt wurde Sieger, wer die weiteste Strecke flog, egal, wohin diese führte. Zwar ermöglichte diese Form des Wettbewerbs keinen unmittelbaren Vergleich des Könnens der Piloten (die Rückholmannschaft mußte nicht selten die größere »Leistung« erbringen), aber es gelang damit eine weitgehende Erforschung und immer bessere Beherrschung der Thermik, die Streckensegelflug ja erst möglich machte.

In der Folge purzelten die Rekorde, die geflogenen Strecken wurden lang und länger, freier Streckenflug als Vergleichsgröße immer schwieriger wert- und organisierbar. Um fliegerisches Können wieder vergleichbar zu machen, war die Rückkehr zum Kampf »einer gegen alle übrigen« notwendig. Nun schrieb die Wettbewerbsleitung Tagesaufgaben vor, die der gewann, der die Aufgaben am schnellsten fliegen konnte. Es begann die Zeit der Luftrennen, die die Piloten im Pulk über vorgegebene Kurse jagten, es begann die Zeit der Stoppuhren und schließlich gar der Computer. Fliegerisches Können wurde im Wettbewerb zu einer Frage der Taktik, des Kalküls und der Rechenscheibe.

Ähnlich wie in anderen Sportarten, entschied häufig genug nicht allein das Können der Piloten, sondern auch der technische Vorsprung, der ihm gerade zur Verfügung stehenden Maschine. Günther Groenhoff wäre sicher nicht als erster schon am 4. Mai 1931 von München aus 272 Kilometer weit gekommen, hätte er nicht eben als erster den Fafnir gehabt.

Ob Ernst Günter Haase ohne die HKS 3 1958 Weltmeister geworden wäre, darf ebenso mit einem Fragezeichen versehen werden, wie die Überlegung, ob es Helmut Reichmann 1978 ohne die SB 11 geschafft hätte, ein zweites Mal Weltmeister zu werden. Beide Maschinen waren Einzelexemplare, ihrer Zeit voraus und damit keine Basis für einen echten Pilotenvergleich. Absolute und rühmliche Ausnahme ist hier Heinz Huth, der mit seiner Ka 6 zweimal Weltmeister und sechsmal Deutscher Meister wurde – obwohl zur gleichen Zeit Hunderte absolut gleiche Maschinen flogen.

Die Entwicklung fliegerischer Leistung, von Rekorden und Siegen in Wettbewerben, war so automatisch auch immer ein Wettbewerb bei der Konstruktion der Maschinen. Um wenigstens einigermaßen gleiche Voraussetzungen zu schaffen (echte Chancengleichheit wäre erst gegeben, wenn alle Wettbewerbspiloten den gleichen Typ mit gleicher Instrumentierung fliegen würden), wurde zunächst wenigstens ein Zweiklassensystem eingeführt.

In der Standardklasse durfte die Spannweite 15 m nicht überschreiten, profiländernde Klappen durften nicht eingebaut und das Fahrwerk durfte anfangs nicht einziehbar sein. Damit sollte eine möglichst einheitliche Ausgangsbasis, wenigstens für einen Bereich, geschaffen werden.

In der zweiten, der Offenen Klasse, sollte der Wettbewerb der Konstrukteure ermöglicht werden. Aus diesem Grund gab es hier keinerlei bauliche Begrenzungen. Natürlich wuchsen hier die Spannweiten (mit 29 m wurde bei der SB 10 das bisherige Maximum erreicht), die Wölbklappen und alle möglichen anderen Raffinessen.

Moderner Wettbewerb ist auch eine Materialschlacht, denn alle Maschinen sollen möglichst gleichzeitig in die Luft.

61

Nur zu schnell zeigte sich, daß damit der Entwicklung nicht genügend Rechnung getragen werden konnte. So unterscheidet inzwischen der Deutsche Aero Club für den Deutschen Segelflugwettbewerb zwischen vier Klassen.

- In der Offenen Klasse ist nach wie vor alles offen.
- In der FAI – 15 m-Klasse oder Rennklasse ist nur noch die Spannweite auf 15 m begrenzt. Alles übrige, wie z. B. Wölbklappen und Einziehfahrwerk, ist erlaubt.
- In der Standardklasse ist die Spannweite begrenzt auf 15 m. Ein Einziehfahrwerk ist ebenso erlaubt wie sonstige Finessen, mit Ausnahme von Wölbklappen.
- In der Clubklasse schließlich ist zusammengefaßt, was nicht so recht an die Leistungen moderner Plastikmaschinen herankommt.

Noch immer aber ist heute Segelflugwettbewerb noch lange nicht gleich Segelflugwettbewerb. Noch immer gibt es, streng genommen, drei Arten, »Leistung« zu zeigen. Noch immer hat der Pilot die Wahl, ob er lieber als »lonely wolf« den Kampf mit den Lüften und der selbst gestellten Aufgabe aufnimmt oder im zentralen Wettbewerb bei der Lösung einer vorgegebenen Aufgabe den direkten Vergleich mit den Konkurrenten sucht.

Der Einzelkämpfer kann sich gleich zwei Herausforderungen stellen: Zum einen ist es der jährliche »dezentrale« Wettbewerb, an dem sich jeder Pilot mit seinen drei besten Flügen beteiligen kann. Dabei ist es ihm freigestellt, ob er einen freien Streckenflug (ohne Zielbestimmung vor dem Start), ein Zielstreckenflug (Zielangabe vor dem Start), einen Zielstreckenflug mit Rückkehr zum Standort (Zielangabe vor dem Start) oder einen Dreiecksflug (Angabe von zwei Wendepunkten vor dem Start und Rückkehr zum Standort) macht. Über ein ausgeklügeltes Wertungssystem, das sowohl die Unterschiede in der Schwierigkeit der Streckenflugarten als auch die Leistungsfähigkeit der benutzten Maschine berücksichtigt, werden die Leistungen der Piloten vergleichbar gemacht.

Zur Beurkundung eines Wettbewerbfluges gehört die Aufnahme vor dem Start, das Fotografieren der Wendepunkte und die Aufnahme nach der Landung.
Folgende Doppelseite: Startvorbereitungen bei der Weltmeisterschaft in Châteauroux.

Zum anderen ist es für den Einzelkämpfer die Herausforderung, bereits geflogene nationale oder internationale Bestleistungen zu überbieten. Generell gibt es dafür zwei Möglichkeiten. Einmal kann in den verschiedenen Streckenflug-Kategorien die absolute Strecke vergrößert werden – wofür aber sehr früh aufgestanden werden muß – beträgt doch die »Vorgabe« z. B. im Zielflug mit Rückkehr 1634,7 km. Andererseits kann versucht werden, die Geschwindigkeit auf Dreiecksstrecken über 100, 300, 500, 750 oder 1000 km zu überbieten – wofür es am besten ist, gleich nach Australien zu reisen, um dort die besseren Bedingungen zu nutzen.

Der Teilnehmer an einem zentralen Wettbewerb muß zwar keine absoluten, sondern nur relative (im Vergleich zu den Konkurrenten) Bestleistungen fliegen. Dafür muß er aber auch neben dem Kampf mit der Thermik den mit sehr »plastikhaltiger« Luft bestehen, muß häufig im Pulk fliegen, auch bei schlechten Wetterbedingungen starten und der vorgegebenen Aufgabe folgen. Andererseits macht aber auch gerade das einen besonderen Reiz aus: Schließlich erlauben gerade die für alle Teilnehmer gleichen Voraussetzungen (gleiche Strecke, gleicher Zeitraum und damit gleiche meteorologische Bedingungen) erst einen wirklich unmittelbaren Vergleich (was aber nicht heißt, daß nicht aber hier ein ausgeklügeltes Wertungssystem notwendig wäre).

Gleichgültig aber, für welche Form des »Leistungsfluges« sich ein Pilot auch immer entscheidet, immer ist sein Flug ein Kampf mit der Uhr. Bei zentralen Wettbewerben ist ohnehin der Sieger, der die vorgegebene Strecke am schnellsten bewältigt. Nicht selten sind hier ein oder zwei unnötige Kreise, eine falsche Entscheidung des Piloten, über Sieg oder Platz entscheidend.

Kaum anders ergeht es aber auch dem Einzelkämpfer. Wie immer auch die selbst gestellte Aufgabe aussieht, immer ist es ein Kampf mit der Uhr, denn die Zeit möglicher Thermik läßt sich nicht strecken. Zu Erfolgen kommt nur, wer schnell genug fliegt und so den Kampf mit der Uhr für sich entscheiden kann. Schnell genug fliegen aber heißt nicht nur, möglichen Höhengewinn optimal zu nutzen. Es heißt vor allem, Höhe bestmöglich in Strecke umzusetzen. Für den Piloten bedeutet das eine ununterbrochene Folge taktischer Entscheidungen – von denen möglichst keine falsch sein sollte.

18

Die Entdeckung der Erde

Das Flugzeug ist wohl eine Maschine – indes welch ein unendlich fein empfindendes Gerät! Ihm danken wir die Entdeckung des wahren Gesichts unserer Erde.
Unser Blick ist schärfer geworden, und wir haben einen grausamen Fortschritt erfahren. Das Flugzeug hat uns die wahre Luftlinie kennengelehrt. Wir sind frei von der vertrauten Knechtschaft, unabhängig von Brunnen und Quellen, und steuern unsere fernen Ziele geradewegs an. Erst auf diesen geradlinigen Flügen entdecken wir den Unterbau der Welt, die Schicht aus Fels, Stein und Salz, auf der an wenigen Stellen das Leben wie Moos an altem Gemäuer schüchtern zu grünen wagt.
Da werden wir zu Forschern, die nach physikalischen und biologischen Gesichtspunkten die Kultur untersuchen, die da unten den Talgrund verschönt und ab und zu, wenn das Klima besonders günstig ist, sich wie ein Park ausbreitet. Wir beurteilen den Menschen mit Weltraumperspektive. Das Fenster am Führersitz ist die Linse eines Mikroskopes, und mit neuen Augen lesen wir darin die Weltgeschichte.

SAINT-EXUPÉRY

Segelflug schenkt dem Piloten ein völlig neues Bild seiner alten Erde, wenn er im Wellenflug bis an die Grenze der Stratosphäre vordringt. Ka 6 und Astir schwimmen im ruhigen Aufwind.

D-7448

Das Geheimnis der Moazagotls

Im März 1933 berichtete Wolf Hirth, der damals Fluglehrer an der Flugschule Grunau im Riesengebirge war, zum ersten Mal von einer Aufwindart, die dem Segelflieger eine völlig neue Dimension eröffnen sollte: »Um nicht einen falschen Leserkreis anzulocken, sei vorneweg bemerkt, daß es sich nicht um eine abenteuerliche Geschichte aus Mexiko handelt, sondern um eine »stehende Wolke« zwischen Riesengebirge und Hirschberg, die schon seit alten Zeiten den Namen führt: »das Moazagotl«. Was das bedeutet, ist nicht genau bekannt. Eine Sage freilich geht, die von einem wunderlichen Mann erzählt, der vor vielen Jahren, statt nur den Pflug zu führen, sich oft den Himmel und die Wolken ansah. Der erzählte den Leuten, daß es eine besondere Bedeutung mit der Wolke haben müsse, die bei Südwind nicht wie andere, anständige Wolken mit dem Wind ziehe, sondern konstant an derselben Stelle stehe.

Dieser Mann soll Gottlieb Motz geheißen haben oder in schlesischer Mundart »der Moatza Gottl«.
Aber das ist, wie gesagt, nur eine Sage. –

Als ich gestern Nachmittag den Autoschleppflügen meiner Schüler auf dem Motorflugplatz von Hirschberg beiwohnte, bemerkten wir, daß eines der über unserem 4 km entfernten Segelfluggelände Grunau schwebenden Flugzeuge erstaunlich große Höhe gewann und anfing, gegen den Wind nach der Stadt Hirschberg zu fliegen. Sofort ließ ich mit größter Beschleunigung unser »Grunau Baby 2«, ein Kleinsegelflug von 13½ m Spannweite, an den Start bringen und das Schleppmotorflugzeug in Gang setzen. Als nach einer halben Stunde die Vorbereitungen beendet waren, folgte der aufregendste Schleppstart meines Lebens.

Durch eine außerordentlich verwirbelte Luft ging es in niedrigster Höhe über Baumwipfel, Hochspannungsleitungen und Schornsteine. Kaum hatten wir uns 50 m erkämpft, warf uns eine Böe wieder auf 20 Meter herab. Die Motormaschine vor mir tanzte wie ein wildgewordenes Pferd. Wohl zehnmal war ich nahe daran, die Verbindung zu lösen. Aber ein schwerer Sturz der Motormaschine, durch das herabhängende Seil verursacht, hätte die Folge sein können.

Ein Janus sucht über den französischen Seealpen den Einstieg in den Wellenaufwind.

VB
D-2060

Also hieß es die Zähne zusammenbeißen und aushalten.

Endlich, nach fünf schweren Minuten, waren 100 m Höhe gewonnen. Nun folgte eine Periode schnellen Steigens bis auf 800 m Höhe, wo schon die andere Maschine segelte. Ich kuppelte mich von der Motormaschine los, flog näher an meinen Kameraden heran, erkannte das Grunau Baby D-Dominikus, eine Maschine des Turnvereins Grunau und auch seinen Führer Hans Deutschmann, einer der Besten aus dem deutschen Segelfliegernachwuchs. Die Unruhe der Luft war auch in dieser Höhe außerordentlich, aber nicht mehr so gefährlich wie in der Nähe des Bodens. Sofort machte ich mich nun an das Vermessen der Aufwindstärken und konnte auch ein stationäres Aufwindfeld feststellen, das südlich von Hirschberg in ziemlich geringer Höhe begann und sich in 1400 m Höhe bis 1 km nördlich von Hirschberg erstreckte. Die erreichten Höhen genügten, um gut auf das Plateau des vor uns liegenden Riesengebirges sehen zu können.

Ich konnte Aufwindgeschwindigkeiten bis zu 4 m/sec feststellen, während nördlich Abwinde von ebenfalls 4 m/sec gemessen wurden. Die verlorene Höhe konnte ohne Schwierigkeit immer wieder in dem südlich von Hirschberg gelegenen Aufwindgebiet zurückgewonnen werden.

Als die Sonne hinter dem Isergebirge verschwunden war, machten wir uns beide auf den Rückflug. Deutschmann, der völlig ohne Instrumente flog, landete nach ausgezeichnetem Flug von über 2 Stunden Dauer wieder in Grunau, während ich nach 1¹/₄ Stunden auf den Hirschberger Flugplatz zurückkehrte. –

Noch ist das Geheimnis des »Moazagotl«, unter dem wir flogen, nicht restlos gelöst. Eine Reihe weiterer Forschungsflüge werden dazu nötig sein, doch haben wir wohl den ersten, beabsichtigten Segelflug in einer bisher nicht ausgenutzten Aufwindart ausgeführt, die ich die »lange Welle« nennen möchte, weil es sich zweifellos um eine durch die Turbulenz hinter dem hohen Gebirge verursachte langwellige Luftbewegung handelt.«

Links: Ein Delphin aus Plastik schwebt im Dunst über dem Schwarzwald.
Folgende Doppelseite: Wellenflug im Winter über dem Schwarzwald und über dem Dunst des Rheintales.

Was Wolf Hirth noch »lange Welle« nannte, hat in der Zwischenzeit als »Leewelle« Geschichte gemacht, nachdem Prof. Georgii sie erforscht und ihre Regeln abgeleitet hatte. Dabei stellte sich allerdings heraus, daß die Aufwinde nicht wie Hirth meinte, durch die hinter einem Hindernis liegende Turbulenz, sondern vielmehr durch das Hindernis selbst ausgelöst werden.

Und das funktionierte zudem recht einfach, wie jeder schneller fließende Bach zeigt. Wird das Wasser gezwungen, ein Hindernis zu übersteigen, fällt es auf der Rückseite oder Leeseite des Hindernisses nicht nur bis zum eigentlichen Wasserstand (= Nullinie), sondern um einiges weiter ab. Auch ohne daß dann ein weiteres Hindernis im Wege steht, steigt das Wasser noch mehrere Male in abnehmendem Maß über die Nullinie – es bildet Wellen, die vom Hindernis und voneinander jeweils den gleichen Abstand haben.

Vergleichbares geschieht, wenn Luft ein Hindernis übersteigen oder einen steilen Abhang hinunter muß. Nach dem Abstieg beginnt sie im entsprechenden Abstand vom Hindernis wieder zu steigen, zu fallen und neuerlich zu steigen. Aufgabe des Segelfliegers ist es dann »nur noch«, diesen Aufwind zu finden und auch auszufliegen – einen Aufwind, der ja eigentlich ein Abwind sein müßte.

Bei genügend starkem Ostwind werden so z. B. die Westhänge des Schwarzwaldes, bei Westwind die Osthänge der Pyrenäen zu Leehängen, in deren Wellen wunderbar gesegelt werden kann. Natürlich geht das Ganze um so besser, je stärker der Wind und je wellengeeigneter das Hindernis ist. Dabei kommt es weniger darauf an, daß das Hindernis möglichst hoch ist. In den französischen Seealpen etwa gibt es häufiger und höherreichende Wellen als am Großglockner. Für die richtige Ausbildung der Wellen ist viel wichtiger die horizontale Ausdehnung des Hindernisses (der Wind muß nach oben gezwungen werden; um einen freistehenden Berg geht er außen herum) und der richtige Abstand zu einem möglicherweise vorhandenen, zweiten Hindernis. Steht genau dort, wo die Luftmassen wieder zu steigen beginnen, ein weiteres Hindernis, ergibt sich eine Art

D-7448

Resonanzwirkung: Der Auftrieb wird noch kräftig angestoßen und wird entsprechend stärker.

Stimmen Hindernis (breit und hoch genug), Wind (Richtung und Stärke) sowie Schichtung der Luft (keine ausgeprägten Inversionen oder Labilitäten), dann bilden sich für den Segelflieger nutzbare Wellenaufwinde aus, die durchaus bis an die Grenze der Troposphäre reichen können, bis an die Grenze der Luftschicht also, in der sich das Wettergeschehen abspielt. Unter günstigen Umständen reichen die Wellen sogar bis in die Stratosphäre.

Was aber hat das alles mit den Wolken des Schäfers aus dem Riesengebirge zu tun? Nun, seine Moazagotl-Wolken bezeichnen genau den höchsten Punkt einer Luftwelle, wenn sie bis in Höhen reicht, in denen sich Wolken bilden können. Die Wolke bildet sich dann im aufsteigenden Teil der Welle, erreicht ihre größte Dicke im Scheitelpunkt und löst sich am absteigenden Teil der Welle wieder auf. Dadurch entsteht der Eindruck einer stehenden Wolke, die sich in Wirklichkeit aber stets neu bildet. Je nach der Höhe der stehenden Wolken besteht sie aus Wasserdampf oder Eiskristallen. Steht sie hoch genug, tritt das ein, was schon den Schäfer im Riesengebirge beeindruckt hatte: Sie leuchtet noch lange nach Sonnenuntergang.

Die höchsten Wellen gibt es naturgemäß in den Alpen, und zwar dann, wenn der Wind im rechten Winkel gegen sie bläst. Dafür gibt es zwei Möglichkeiten: In den Ost- und Zentralalpen ist es der Föhn, in den Westalpen sein in umgekehrter Richtung wehender Genosse Mistral. Beide haben ihre charakteristischen Großwetterlagen. Für den Südföhn ist ein Hoch überm Balkan und ein Tief mit Ausläufern bis in den Golf von Genua erwünscht, für den Mistral ist es umgekehrt. Er kommt so recht in Schwung, wenn einem nach Osten ziehenden Tief ein Hoch folgt.

Das alles hört sich recht einfach an, und so mancher Pilot, der in erforschter Welle problemlos größere Höhen erflog, mag sich gefragt haben, wo eigentlich die Schwierigkeiten sind. Für die Physiker und Meteorologen dagegen war es eine harte Nuß, das im Prinzip so einfache Phänomen in den Griff zu bekommen, seine Bedingungen im einzelnen zu definieren, seine Gesetze zu beschreiben und das Ganze vorhersagbar zu machen.

Das gelang erst so recht, als klar wurde, daß es sich eigentlich um zwei Problemkreise handelt. Der eine betrifft das Hindernis, seine Form und Anordnung, der andere dreht sich um die meteorologischen Voraussetzungen. Da das schönste Hindernis ohne entsprechendes Wetter keine Wellen zaubern kann, zuerst zu den Wettervoraussetzungen.

Turbulenz ist der Feind jeder Wellenströmung (die Turbulenz vor dem eigentlichen Einstieg in die Welle ist eine Folgeerscheinung in der Randzone der Welle). Sie verträgt sich deshalb nicht mit den vertikalen Turbulenzen, wie sie von der Thermik verursacht werden. Voraussetzung für die benötigte glatte, also laminare, Strömung ist folglich eine möglichst stabile Schichtung der Luftmasse, am besten ist eine Schichtung mit Isothermie (keine Temperaturabnahme mit der Höhe) oder mit Inversion (Temperaturzunahme mit der Höhe) über- und unterlagert von zwei weniger stabilen Schichten.

Zweite meteorologische Voraussetzung ist, daß der Wind in Kammhöhe des Hindernisses mit mindestens 30 Stundenkilometern bläst, seine Richtung bis zur Obergrenze der stabilen und damit laminaren Schicht annähernd gleichbleibt (keine Scherungen) und seine Geschwindigkeit mit der Höhe möglichst zunimmt. Die Windgeschwindigkeit selbst ist das Maß für die wichtigste Größe, die Wellenlänge (= die Entfernung von Wellenberg zu Wellenberg). Sie ergibt sich annähernd in Kilometern, multipliziert man die mittlere Windgeschwindigkeit in Knoten mit 0,3, und muß mit dem Hindernis und einem eventuell vorhandenem zweiten möglichst übereinstimmen.

Das erklärt, warum an einem bestimmten Hindernis, jeweils nur bei einer bestimmten Windgeschwindigkeit, Wellen auftreten. Ist der Wind nämlich zu langsam, ist das Hindernis zu groß für die Wellenform, ist er dagegen zu stürmisch, wird das Hindernis zu klein. Trifft dagegen die Welle in der Entfernung ihrer Länge auf ein zweites, wellengerecht geformtes Hindernis, verstärkt

Auch im Mittelland gibt es, entsprechenden Wind vorausgesetzt, gute Wellenflugmöglichkeiten. Die ASK 13 hat die Welle schon gefunden.

HB-1023

sich durch Resonanz die Amplitude der Welle (ihre Höhe also). Was wiederum erst erklärt, warum in den Alpen die Wellen in solch immense Höhen hinaufreichen.

Ein für Wellenausbildung passendes Hindernis muß aber nun keineswegs immer nur ein Bergzug sein. Es kann durchaus auch ein meteorologisches Hindernis sein, das dann ebenso Wellen auslöst, wenn es von stabil geschichtetem und damit laminarem Wind überströmt wird. Ein solches Hindernis können große Cumulanten, ganze Wolkenstraßen (die Wellenströmung über den Cumuli ist gegenüber dem Bodenwind um 90° versetzt) oder sogar ganze Gewitter sein.

Was hier noch an Möglichkeiten steckt, hat der Engländer Mike Field am 9. Mai 1972 angedeutet. Er stieg damals in der Nähe von Oxford durch einen Cumulonimbus bis auf 8690 m. Gegen den Wind flog er vor die Wolke und fand dort ein ruhiges, gleichmäßiges Steigen von 1 ½ m/sec, das ihn schließlich bis auf 12960 m Höhe trug. Zwar flog der Pilot in diesem Fall praktisch in metorologisch bedingtem Hangwind. Hinter dem Hindernis hätte sich jedoch zweifellos auch die entsprechende Welle gefunden.

Mit dem Segelflug in feindlicher Umwelt. Der Fisch im Hintergrund schwimmt in etwa 9000 m Höhe.

Ob Mistral, Föhn oder Thermikwelle, was in beiden steckt, Jochen von Kalckreuth hat es am Beispiel eines Wellenfluges über den Hohen Tauern beschrieben:

»Endlich kann ich starten. Ich steige in den Sitz und merke, daß der Spatz mir wie ein Sportsakko paßt. In den Schultern und am Gesäß sitzt er tailliert. So bin ich noch immer am besten geflogen und die Flügel werden zu verlängerten Gliedern. Siggi Resch kommt mit der Piper von der Halle und man klinkt ein. Ich halte die Klapphaube offen bis zum Startzeichen, denn am Boden sind jetzt 27 Grad. Als wir abheben, bin ich naß. Es ist genau Elf Uhr.

Siggi dreht die übliche Rechtsschleife und geht dann in Talmitte nach Westen. Die Piper zieht gut und wir machen schnell Höhe. Die Luft ist stickig und still. Ich drücke den linken Arm aus dem Fenster, um mich zu erfrischen. Langsam weicht die Nervosität einer zielsicheren Gelassenheit. Ich kenne den Spatzen, das Stubachtal und ich kenne Georgiis Tauernschlüsse. Der Barograph hinten am Hauptbeschlag tickt gleichmäßig.

Nach einer Viertelstunde gehen wir an den engen Tal-

Panoramasicht über Südfrankreich. Die Wolken tief unten verraten entsprechende Turbulenzen.

ausgang des Stubachs. Wir sind 1300 Meter über Grund. Als wir in die Enge einfliegen, wird die Luft lebendig. Die Piper zieht hoch, und ich habe Mühe, hinterher zu kommen. Meine Bekleidung hemmt mich in jeder Bewegung. Der dicke Atemschlauch fährt mir dreimal um die Beine. Ich konzentriere mich so gut ich kann, um genau hinter Siggi zu bleiben.

Wieder schlingert das kurze Seil. Diesmal ist die Böe heftiger, wir sind auf 1700 Meter. Jetzt merke ich, daß wir nur noch langsam vorankommen. Das sind mindestens 60 km/h Gegenwind. Ich passe jeden Luftsprung der Piper ab wie ein Tontaubenschütze. Keine ihrer Bewegungen darf mir jetzt entgehen, sonst kommen wir beide in eine gefährliche Fluglage. Und darauf wartet der Rotor.

Die Luft wird immer wilder. Direkt vor der Piper kringeln weiße Wolkenbänder aus der Senke des Enzinger Bodens herauf. Siggi setzt mich genau ins Steigen, kurz vor dem Stauseebecken. Das Vario fliegt auf 4 m/s und ich werfe das Seil. Meine Höhe beträgt etwa 2800 Meter über NN.

Ich drücke den rechten Flügel abwärts. Der Spatz tanzt in den Böen und gewinnt Höhe. Das Vario hat sich bei 3 m/s beruhigt. Ich mache 400 Meter in einem Zug. Dann rutscht der Zeiger ab. Null, Fallen. Wo ist der Rotor, Leebart oder was immer? Bin ich nach Norden versetzt worden?

Ich besinne mich der eisernen Föhnregel und fliege gegen den Wind. Leichte Schwenks nach links und rechts. Nirgends Aufwind. Ich sinke auf 3000 Meter herunter. Sofort setzen Zweifel ein. Hatte Hans doch recht? War es nicht eine Utopie, an diesem schwülen Augusttag, nur auf eine wenn auch großartige Lenti hin den Platz verrückt zu machen? Aber wer hatte es denn hier versucht, wenn die anderen im See herumschwammen? Vielleicht war noch niemand so hoch an den Hauptkamm geschleppt worden?

Solche Wellenwolken lassen jedes Segelfliegerherz höher schlagen.

Folgende Doppelseite: Über dem herbstlichen Engadin suchen zwei Mininimbus Anschluß an die Welle.

Dann fällt mir Georgiis Hinweis ein, die niedrigen, sekundären Wellen mit Abstand zum Hauptkamm zu suchen. Erst in Höhen über 4–5000 Metern sei der Anschluß in den Tauern zu finden.

Was tun? Mit Rückenwind die Position aufgeben und in den Pinzgau fliegen? Augenblicklich erkenne ich, wie nutzlos das in meiner Lage ist. Auf dem Gleitweg nach Norden verliere ich mindestens 7–800 Meter. Doch dann bin ich bei dem schwachen Wind unter 2000 m viel zu niedrig, um irgendwo am Hang wieder zu steigen. Mir bleibt nur der Weg nach vorn.

Ich richte auf und zwinge den Spatzen auf den Hauptkamm zu. Wenn überhaupt, dann steht der Rotor direkt am Enzinger See. Das Flugzeug tut sich schwer gegen den Wind. Doch ich muß mindestens 100 km/h fliegen, um Boden zu gewinnen. Noch bin ich 2800 Meter hoch, also 200 Meter über der Enzinger Scharte. Der windbewegte Stausee rückt vor die Kabine. Ich sehe Touristen an der Staumauer und Lastwagen auf der kurvigen Zufahrt im Talschluß. Viel Spielraum bleibt mir nicht. Jetzt bin ich 80–100 Meter über den Felsen, dem Rücken der Scharte. Ich kann in die Südalpen sehen und erkenne flache Sommerwolken über den Deferegger Gipfeln. Ist das ein Föhntag? Dann, als ein winziger Wolkenfetzen wie Staub aus der Senke weht, direkt vor der Rumpfnase des Flugzeuges, weiß ich, daß dieser Flug gewonnen ist. Mit etwas Erfahrung im Gebirge lernt man, daß oft ein einziges Indiz – eine Thermikböe am erwarteten Punkt, eine Wolke, dort wo sie einfach sein müßte, ja ein kreisender Vogel im Blau – einen stundenlangen Flug bestimmen, lenken kann. Dies Signal vor der Scharte ist eindeutig. Es ist das Grüne Licht für die Welle.

Ohne nachzudenken, drücke ich den Spatzen nach vorn und hole ihn gleich darauf in einen steilen Rechtskreis. Ich brauche das Vario nicht mehr, um zu wissen, daß hier drei Meter stehen. Nach wenigen Sekunden sind es vier. Der Aufwind ist ruhig und zieht wie eine Seilwinde. Ich suche einen Richtpunkt und beginne, in Halbkreisen zu pendeln. Das Steigen ist von Anfang an so ruhig, daß hier schon die laminare Strömung einsetzen muß.

Bei 95 km/h bin ich ortsfest. Die Welle griff mich direkt am Berg und so niedrig, wie ich es noch nie erlebte.

CC

VL

Das Gefühl der Schwerelosigkeit, wie es uns Neil Armstrong auf dem Mond vortanzte, es ist auch ein Teil des Wellensegelns. Langsam und stetig sinken die Tauern in sich zusammen. Der Druck am Ruder ist minimal und der Flug verläßt die Realitäten. Die Welle ist bewegungslos, die laminare Strömung vollkommen. Mit 4 m/s gehe ich an den 4000 vorbei und bin wenige Minuten danach auf 5500. Der Sturm, den ich nur noch ahnen kann, nimmt weiter zu. Ich muß immer schneller fliegen, um nicht vom Stausee abgedrängt zu werden.
Jetzt habe ich erstmals Zeit, die Gebirge ganz zu überschauen, von der Hochalmspitze bis zum Olperer. Die westliche Gipfelflanke des Glockners steht links unter mir.

In 6000 Metern setze ich die Maske auf und öffne das Ventil. Ich gehe sofort auf die stärkste Mischung.
In 7800 Metern nimmt die Welle ab. Ich drehe ein, zwei Suchkreise und finde mich genau neben der Lenti über dem Pinzgau. Sie ist hellgrau und durchsichtig geworden, oder scheint es nur so von oben? Ich gleite genau an den Luvrand, der scharf, doch hauchdünn wie Milchglas ist. Meine rechte Fläche taucht in den Schleier. Als ich mich wieder windauf setze, glitzert ein feiner Eishauch auf dem Profil. Doch das Vario steht auf Null. Ich habe einen Fehler gemacht. In dieser Höhe sucht man nicht windab.

Nun muß ich den Segler zum Hauptkamm zurückdrängen. Durch 2–3 m/s Fallen arbeitet sich der Spatz wieder die 10 Kilometer nach Süden. 700 Meter tiefer passiere ich die Hauptkammlinie erneut. Etwa zwei Kilometer weiter kommt die Welle wieder an. Mit etwas mehr als 2 Metern steige ich zur alten Höhe. Ich stehe genau auf der Linie zwischen den Gipfeln von Kitzsteinhorn und Großglockner. Die Sicht gewinnt immer weitere Räume. Ich erkenne die Dolomiten unter den breiten Wolken und fern im Südwesten den hellen Ortler. Im Westen kann ich das Inntal bis zum Arlberg einsehen und neben der Silvretta das Rätikon ausmachen.

In 8500 Metern wird die Kälte grimmig. Der Rumpf des Spatzen besteht aus Stahlrohr und Leinwand und die Eisluft pfeift durch alle Ritzen. Ich hole die kleine Kamera aus der Bordtasche, die Hans mir in der Eile lieh. Doch das Objektiv läßt sich nicht drehen, es ist vereist. Meine Zehen werden schnell gefühllos. Draußen sind jetzt minus 36 Grad und die Rumpfspitze ist dicht wie ein Weidenkorb. Doch ich muß das Kabinenfenster offenhalten, damit meine Körperwärme nicht zu undurchsichtigem Reif an der Haube gefriert.

Langsam nähere ich mich den 9000. Das Steigen geht kaum merklich zurück. Das ganze Alpenland ist zu einem flachen Relief geworden, über das die grauweißen Wolken wie Atemhauch ziehen. Ich muß den Spatzen mit 110 fliegen, um nicht fortgeweht zu werden. Jetzt entdecke ich im Westen riesige Wolkentürme, deren Tops mich scheinbar noch überhöhen. Sie stehen in einer Linie von Oberitalien bis an den Bodensee. Eine Kaltfront, ganz offensichtlich, die der starken Südweströmung folgt. Das Wetter wird durchsichtig und seine Entwicklung voraussehbar.

Als ich die 9000 passiere, überkommt mich ein unbestimmbares Gefühl. Eine Art Ungewißheit. Das Wagnis, in einem so fragilen Vogel an den Rand unserer Welt zu gehen, wird mir jetzt bewußt. Die Atmungsanlage arbeitet einwandfrei, und das Flugzeug zeigt bis auf die schwer gewordenen Ruder keine Schwächen. Dennoch läßt mich der Blick in den dunkler werdenden Höhenhimmel erkennen, daß dies eine extreme Lage ist.

Im Süden ist die venezianische Ebene längst ins Blickfeld gerückt und nur die dunstige Südluft verdeckt mir noch die weite Adria und damit den Blick aufs Meer. Die weißen Türme im Westen ziehen mit erkennbarer Geschwindigkeit näher. Sie dürften jetzt um halb Zwei schon über dem Rheintal stehen.

Draußen ist die Temperatur der Luft auf minus 40 Grad abgesunken. Der Knüppel bewegt sich nur noch unter starkem Druck. Ich bin in meinem Sitz zusammengesunken und halte so die Körperwärme zusammen. Von den Beinen ist unterhalb der Knie nichts mehr zu spüren. Ich höre den Pulsschlag in den Ohren wie vor einer Narkose. Er klingt hell und geht rascher als gewohnt. Meine Finger liegen steif in den schwarzen Handschuhen, denn für den Standflug im Höhensturm genügt die Gabel von Daumen und Zeigefinger. Auch dort, wo die grelle Sonne in die Kabine trifft, ist es ganz unvorstell-

Ufo im Anflug? Natürlich ist es nur eine harmlose, doch faszinierende Wellenwolke.

Winter
km
250 km/h
VW 3 SG

bar kalt. Ich wage nicht daran zu denken, was die Stoßstangen und Drahtzüge zu den Rudern jetzt durchmachen.

Das Steigen ist verklungen wie ein Ton in der Luft. Ich verharre bewegungslos und sehe immer wieder von Osten nach Westen, ahnend, daß ich solch einen Blick auf die Gebirge nur einmal haben werde. Meine Lage erhält abstrakte Züge und die tausendfach gewobenen Beziehungsfäden zur nahen Erde gehen in eine Art planetarisches Mitgefühl über.

Bevor ich abbreche, versuche ich mich noch an einer Rechnung. Wie weit, so frage ich mich, während mir durch die muffige Gummimaske noch Atem zuströmt, mag dieser Vogel mit dem Sturm im Rücken eigentlich gleiten? Mein Kurs wäre Nordost und bescheiden gerechnet müßte ich 350 Kilometer schaffen. Also weit in die Tschechoslowakei. Das wäre einmal ein Spaß. Doch dies Europa, unser zerschnittener und zerstrittener Kontinent, hat für solche Späße keinen Sinn.

Um 13 Uhr 45 leite ich den Abstieg ein. Die flach gekrümmte Halbkugel, von der ich aufstieg, hat die feinen Stahlfäden ihrer unentrinnbaren Anziehungskräfte auch zu diesem Gleiter irgendwo am Rand der Stratosphäre nicht vergessen. Ich führe das Flugzeug aus der Wellenkuppe nach Nordosten, und augenblicklich werden die Fäden eingeholt. Dies hat etwas sehr Beruhigendes.

Ich brauche eine halbe Stunde, um die 5000 Meter zu unterfliegen. Die Bremsklappen stehen weit geöffnet und ich slippe zwischen Sonnblick und Großvenediger abwärts, um die Eismesser des Staudrucks nicht genau auf die Füße zu bekommen. Der Gedanke, sich gleich ins weiche, warme Gras zu legen, ist fast unvorstellbar. Dafür ist der heiße Pinzgau noch zu weit.

Unendlich langsam vergößert sich der Zeller See, aus einem Weinglas wird eine Vogeltränke. Ich gehe in steilere Spiralen über und richte mich nach dem Stand des Glockners. Im Süden hat die Bewölkung sich verdichtet. Kleine Fetzen jagen ihre Schatten durch die Eisrisse der Pasterze. Im Pinzgau steht sommerlicher Dunst.

Eine Stunde später berührt der Spatz den Boden. Siggi und Kurt laufen meiner Landespur nach und heben mich aus dem Sitz. Der Blick auf den Höhenschreiber läßt sie laut rufen. Die feine, silberne Linie im Ruß geht bis knapp an den oberen Trommelrand (die spätere Auswertung sollte eine absolute Höhe von 9030 Metern ergeben). Wir liegen uns in den Armen. Die brave 228 steht bescheiden wie nur ein Spatz es kann und wärmt sich auf.«

Ein einfacher Segelflug nur, gewiß. Doch gleiten hier nicht physikalische Gesetze, technische Bedingungen und praktisches Können ins Abstrakte, angesichts der Dimensionen, die dem Segelflieger von den Leewellen eröffnet werden? Erinnern wir uns: Nur knapp 20 Kilometer hoch reicht die Schicht um unsere Erde, die Leben überhaupt erst ermöglicht. Darüber beginnt das absolute Nichts. Bis in die Reichweite seiner Grenze trägt der Segler seinen Piloten, erobert ihm den Himmel, läßt ihn seine alte Erde entdecken und entläßt ihn immer wieder von neuem in ein Staunen und in ein Glück, das keine Macht der Erde stürzen kann.

Die Grenzen von Wellenwolken sind nicht selten messerscharf. Sie können auch in Etagen übereinander stehen.

Die Rückkehr zum Boden

Jede Landung ist Ende des einen, gleichzeitig aber auch schon Beginn des kommenden Fluges. Das Ende des einen ist der Anfang des nächsten Traumes.

Von hoch oben gesehen, scheint die Erde kalt und tot. Das Flugzeug sinkt: da bekleidet sich die Erde. Sie umhüllt sich wieder mit Wäldern; Täler und Höhen zeichnen sich ein: da atmet sie. Jetzt überfliegt die Maschine einen Berg, und die Brust eines schlafenden Riesen schwillt an bis zu ihr empor.

Nun, in nächster Nähe, beschleunigt sich der Fluß der Dinge, ein Wildbach unter einer Brücke. Unsere wohlgeordnete Welt reißt in Stücke; Bäume, Häuser, Dörfer treten hervor aus dem gradlinigem Horizonte, und sind schon nach rückwärts fortgerissen.

Der Landeplatz steigt auf, kommt schaukelnd näher und ordnet sich ein, die Räder, schon ganz nahe, werden vom Erdboden angezogen wie von einem Walzwerk: schon wetzen sie sich daran... Bernis entsteigt dem Flugzeug. Er schließt die Augen, nur eine Sekunde lang, der Kopf schwirrt ihm noch von den vielen farbigen Bildern. Es kommt ihm zum Bewußtsein, daß er eben mit jäher Klarheit diese Landschaft, den Himmel, die ganze Erde erkannt hatte: Bernis kam sich vor wie ins Innerste dieser Landschaft versetzt. SAINT-EXUPÉRY

L7
HB

Die Kunst des Zielanfluges

Glaubt man den alten Hasen, dann ist noch kein Flieger oben geblieben. Jeder noch so schöne Flug endet mit einer Landung – und die will beherrscht sein. Prinzipiell unterscheidet sich zwar eine Landung mit dem Segelflugzeug nicht von der mit einer Motormaschine. Mit einer Ausnahme allerdings: Merkt der Motorflieger, daß er sich verschätzt hat und zu hoch oder zu niedrig anfliegt, kann er das mit dem Gashebel leicht korrigieren und wenn nötig sogar durchstarten, neu anfliegen, und immer noch eine Punktlandung machen.

Der fehlende Gashebel zwingt dagegen den Segelflieger, stets eine »richtige« Landung zu machen. Zu tiefes Anfliegen bedeutet deshalb unweigerlich, zu kurz zu kommen; zu hohes Anfliegen – so weit es durch Ausfahren der Störklappen nicht zu korrigieren ist –, heißt über das Ziel hinausschießen. Und das Ärgerlichste: Einen zweiten Versuch nach mißglücktem Anflug gibt es nicht.

Dennoch ist Landen mit dem Segelflugzeug so schwierig auch wieder nicht, wenn nur die richtige Landeeinteilung eingehalten und mit ihr hoch genug begonnen wird. Schließlich erlauben die wirksamen Störklappen (sie zerstören einen Teil des Auftriebes und vergrößern dadurch die Sinkgeschwindigkeit) eine weitgehende Steuerung des Gleitwinkels. Zumindest am heimatlichen Flugplatz wird so die Landung rasch zur Routine.

Nicht ganz so schnell geht das mit den Landungen im freien Glände, obschon auch das für den Segelflieger etwas völlig Normales ist. Auch der beste Pilot kann eine Außenlandung nie ausschließen. Von den ersten tastenden Versuchen des Streckenflugneulings an muß mit dieser Möglichkeit gerechnet werden. Eine Möglichkeit, deren Unwägbarkeiten durchaus auch ihren Teil zum Reiz des Segelfliegens beitragen.

Gegenüber dem Motorflieger hat der Pilot eines Segelflugzeuges bei der Außenlandung zudem einen riesigen Vorteil: Der Schwerpunkt eines Seglers liegt so tief und sein Rad gibt dem Rumpf so wenig Bodenfreiheit, daß ein Überschlag selbst in unebenem Gelände nahezu unmöglich ist (im Gegensatz zur Motormaschine, die wegen des Propellers ein hohes Fahrwerk benötigt und einen sehr hohen Schwerpunkt hat; sie würde beim kleinsten Graben einen Kopfstand machen).

Schwierigkeiten kann dagegen durchaus die Wahl eines geeigneten Landefeldes machen. Was von größerer Höhe aus wie ein schöner englischer Rasen aussehen mag, kann sich beim Näherkommen durchaus als mittlere Mondlandschaft entpuppen. Niedrige Leitungen, Weidezäune, überwachsene Gräben, Reben oder Hopfen können ein übriges tun, dem Segelflieger das Leben schwer zu machen.

Um Risiken möglichst auszuschalten, wird der zur Außenlandung gezwungene Pilot daher möglichst ein frisch bearbeitetes Feld suchen. Wo ein Traktor fahren kann, kann nämlich in der Regel auch ein Segelflugzeug landen. Besonders achten wird er auf das Gefälle des Geländes und auf den Wind. Nichts ist scheußlicher, als mit dem Wind und mit hoher Fahrt über das Landefeld geblasen zu werden oder über abfallendem Boden nicht herunter zu kommen.

Ein völlig anderes »Landeproblem« stellt sich dem Streckenflieger, der nach einem Wettbewerbsflug zum Startplatz zurückkehrt. Für ihn fängt die Landung 20, 30 oder auch schon 40 km vor dem Landefeld mit dem »Zielanflug« an. Wie alles bei einem auf Schnelligkeit ausgerichteten Wettbewerb ist auch er letztlich ein Optimierungsproblem: Wer zu langsam fliegt und damit zu hoch zum Platz zurückkommt, verschenkt ebenso kostbare Höhe wie der, der zu schnell fliegt und deshalb zu tief (und damit also gar nicht mehr) zum Platz kommt.

Bei der Lösung des Problems gilt es nicht nur, den Gleitwinkel und das letzte Mittlere Steigen zu berücksichtigen, sondern auch eventuell vorhandenen Gegen-, Rücken- oder Seitenwind einzukalkulieren. Sowohl Wind (Gegenwind verlangt natürlich eine größere, Rückenwind eine entsprechend kleinere Höhe) als auch Mittleres Steigen (je größer es zuletzt war, desto schneller kann geflogen werden) richtig eingerechnet, ergeben im Bezug zur noch zu fliegenden Entfernung eine ganz be-

Vorige Doppelseite: Der Cirrus ist auf Heimatkurs. Im Engadin liegen die Gletscherzungen kaum 500 m über dem Flugplatz.

Gegen Abend verwandelt sich die Welt für den Piloten. Gleißende Lichter und undurchsichtiger Dunst entrücken ihn der Erde.

stimmte Abflughöhe. Wird sie überstiegen, wird Zeit vergeudet, wird sie nicht erreicht, reicht es auch noch nicht zum direkten Zielanflug.

Ob normale Landung nach beglückendem Flug, ob Außenlandung nach einem Absaufer, ob rasanter Überflug der Ziellinie nach gelungenem Zielanflug – immer ist die Landung ein besonderer Moment, in dem sich noch einmal wie durch ein Brennglas das ganze Flugerlebnis verdichtet zum Paradoxon des Ikaros, dem Saint-Exupéry so trefflich Ausdruck gegeben hat:

Man ersehnt die Landung auf der Erde wie ein Paradies, und man sucht seine Wahrheit in den Sternen.

Links: Die Minimoa schwebt noch lange nicht zur letzten Landung ein.
Folgende Seite: So sicher wie die Sonne sinkt und die Thermik schwindet, so sicher kommt mit wieder steigender Sonne das Glück neuer Flüge.

Der Flug

O erst dann, wenn der Flug
nicht mehr um seinetwillen
wird in die Himmelstillen
steigen, sich selber genug,

um in lichten Profilen,
als das Gerät, das gelang,
Liebling der Winde zu spielen,
sicher, schwenkend und schlank, –

erst, wenn ein reines Wohin
wachsender Apparate
Knabenstolz überwiegt,

wird, überstürzt von Gewinn,
jener den Fernen Genahte
sein, was er einsam erfliegt.

RAINER MARIA RILKE

Vorige Doppelseite: Die Piloten des Blanic finden ihr Glück in der Thermik des Hochgebirgsabends. Bald werden sie hinabtauchen müssen, um der Dunkelheit im Tal zuvorzukommen.

Nachweise

Die Fotos wurden zur Verfügung gestellt von:

Akaflieg, Braunschweig:	S. 19, 49, 51
Charly Burger, Bettlach:	S. 17, 45, 89, 113, 126/127
Eiri Avion, Lathi:	S. 29
Ernst Grob, Mindelheim:	S. 35
Karl Haidinger, Zell am See:	S. 83, 91
Sture Karlsson, Mariestad:	S. 9, 10
Hans Märki, Meggen:	S. 48, 84, 86/87, 118/119
Gerd Schäfer, Baden-Baden:	S. 2/3, 20, 37, 42, 52, 59, 68, 99, 100, 105, 108, 110/111, 123, 124, 134/135
Heiko Schneider, Lahn:	S. 11, 12, 14/15, 16, 22/23, 47, 75, 130
Claus-Dieter Zink, Freiburg:	S. 6/7, 25, 28, 30/31, 33, 36, 40, 43, 54/55, 57, 60, 62/63, 65, 70/71, 73, 76, 81, 92, 94/95, 97, 102/103, 107, 114, 115, 116, 121, 129, 132
Karl Vey, Neu-Isenburg (Archiv des Deutschen Aero-Clubs):	S. 18, 24, 26, 27, 34

Texte wurden verwendet von:

Corti, Walter Robert:	Die Sonne, München 1960
Saint-Exupéry, Antoine de:	Wind, Sand und Sterne, Dessau 1940
Lilienthal, Otto:	Der Vogelflug als Grundlage der Fliegekunst, München 1910
Karlson, Paul:	Segler durch Wind und Wolken, Berlin 1933
Kegel, Max:	Bericht über seinem Rekordflug, 1926
Karlson, Paul:	Segler durch Wind und Wolken, Berlin 1933
Stamer, Fritz:	Zwölf Jahre Wasserkuppe, Berlin 1933
Hesse, Hermann:	Gesammelte Dichtungen, Zürich 1950
Andresen, Ingo:	Gedanken zur Streckenflugplanung, Gelsenkirchen-Buer 1978
Kalckreuth, Jochen von:	Das stille Abenteuer, Erlebnisse und Begegnungen eines Alpenfliegers, Motorbuch-Verlag, Stuttgart 1976
Saint-Exupéry, Antoine de:	Wind, Sand und Sterne, Dessau 1940
Hirth, Wolf:	Die Erlebnisse unserer erfolgreichen Meister-Flieger, Leipzig 1935
Kalckreuth, Jochen von:	Das stille Abenteuer, Erlebnisse und Begegnungen eines Alpenfliegers, Motorbuch-Verlag, Stuttgart 1976
Saint-Exupéry, Antoine de:	Südkurier, Düsseldorf 1952
Rilke, Rainer Maria:	Sämtliche Werke, Wiesbaden 1955